Hans Küng

Vertrauen, das trägt

HERDER spektrum

Band 5373

Das Buch

Vertrauen, Mut zur Wahrheit und die Kraft zu hoffen gehören zusammen. Sie liegen jeder spirituellen Haltung zu Grunde. Von Anfang an ist Hans Küngs Werk tief und leidenschaftlich davon geprägt, ja getragen von einer Spiritualität des Vertrauens und unbedingter Offenheit. In der Regel bleibt diese Tiefenschicht unter der nüchternen und völlig undramatischen Argumentation verborgen. Immer wieder aber bricht eine Sprache auf, die dazu einen Zugang bietet. In diesem Lesebuch stehen diese Texte im Zentrum.

Es geht zunächst um die zentrale Frage, wie wir Vertrauen suchen und finden. Hans Küng beantwortet sie ganz persönlich, im Blick auf sein eigenes Leben. Aber auch im Nachdenken und im Hinsehen auf die Erfahrungen anderer, im Blick auch auf die Geschichte. Glauben als unverzichtbares und als unbedingtes Vertrauen auf Gott ist ein Vertrauen, das sich zugleich als Vertrauen zu Mitmenschen und Welt verwirklicht. Es führt aber auch zur Fähigkeit der Kritik an den Punkten, an denen Vertrauen durch falsche Sicherheit ersetzt werden soll.

Vertrauen, das wird weiter deutlich, ist nämlich weder etwas Theoretisches, noch autoritär zu vermitteln. Mut zur Wahrheit als die Kerntugend jeden Denkens gehört auch im religiösem Kontext dazu, Bewegungen des Suchens und fragmentarischen Findens, Hoffnungen, aber auch existentielle Zweifel. Es geht also darum, Vertrauen mutig zu gestalten und zur Geltung zu bringen. Vertrauen hat sich dann schließlich in Liebe zu bewähren. Es muss sein Feld in der Praxis suchen und finden. Am Ende steht ein ganz persönlicher Text: ein Gebet. Die abrahamischen Religionen, Judentum, Christentum, Islam sind durch Abraham – ihren gemeinsamen Vater des unbedingten Vertrauens auf Gott – miteinander verbunden. Auf ihn richtet sich die Hoffnung aller Menschen in einer dunklen Zeit. Eine Vision, die auch für das 21. Jahrhundert gelten kann.

Hans Küng

geb. 1928 in Sursee/CH, Dr. theol., Drs. h.c., em. Professor für Ökumenische Theologie und Direktor des Instituts für ökumenische Forschung. Internationale Gastprofessuren. Weltweite Gastvorlesungen an verschiedenen Universitäten in Europa, Amerika, Afrika, Asien und Australien. Zahlreiche Buchveröffentlichungen, in zahlreichen Übersetzungen. Präsident der Stiftung Weltethos, deren Grundgedanken er international auf höchster Ebene verbreitet. Mitglied des PEN-Zentrums. Lebt in Tübingen. Bei Herder Spektrum: Weltethos – wozu?

Der Herausgeber

Professor Dr. Hermann Häring hat an der Katholischen Universität Nimwegen/NL den Lehrstuhl für Wissenschaftstheorie und Theologie inne und ist Direktor des interdisziplinären Instituts für Theologie, Wissenschaft und Kultur (Heyendaal Institut).

Hans Küng

Vertrauen, das trägt

Eine Spiritualität für heute

Herausgegeben von Hermann Häring

HERDER

FREIBURG · BASEL · WIEN

Autor, Herausgeber und Verlag danken dem Piper-Verlag, München, für das freundliche Entgegenkommen bei der Realisierung dieser Ausgabe.

Originalausgabe

Alle Rechte vorbehalten – Printed in Germany
© Verlag Herder Freiburg im Breisgau 2003
www.herder.de
Satz: Barbara Herrmann, Freiburg
Druck und Bindung fgb · freiburger graphische betriebe 2003
www.fgb.de
Umschlaggestaltung und Konzeption:
R·M·E München / Roland Eschlbeck, Liana Tuchel
Umschlagfoto: dpa
ISBN: 3-451-05373-X

Inhalt

Zur Einführung

„Ob man mir nachfühlen kann, dass diese seltsame Erfahrung mich mit unbändiger Freude erfüllte? Das ist gelebte, realisierte Freiheit: Ja sagen, Grundvertrauen wagen, Lebensvertrauen riskieren. So kann ich tatsächlich eine bestimmte Grundeinstellung einnehmen, so kann ich weitermachen und einen aufrechten Gang bewahren ..." Auf der nächsten Seite seiner Erinnerungen an die Studienzeit (es war wohl das Jahr 1953) fährt Hans Küng fort: „Dies erinnert mich an meinen See: Dass Wasser meinen Körper, auch den meinen, trägt, ... das lässt sich nur im Schwimmen erfahren. Ohne das Wagnis, mich der Wirklichkeit des Wassers anzuvertrauen, werde ich es nie erfahren, dass es mich, auch mich, hier und jetzt, trägt" (Erkämpfte Freiheit, 2002, 133f).

Für Hans Küng ist das eine zutiefst prägende Erfahrung gewesen, eine Grunderfahrung, die dann auch sein Werk von Anfang an durchzieht. In seiner Dissertation werden die kirchlich-ökumenischen Konsequenzen der Rechtfertigungslehre diskutiert. Im Buch „Existiert Gott?" wird sie systematisch von ihren philosophischen Grundlagen her entfaltet. Als Unterströmung und als Dialogthema ist sie in all seinen Schriften gegenwärtig. Mal zeigt sie sich von ihrer positiven und befreienden, mal von ihrer negativen und bedrohlichen Seite. In der Verschränkung von beiden sieht Küng die Herausforderung an die menschliche Freiheit, der Wirklichkeit zu trauen, ja sogar auf Gott zu vertrauen. Lebensvertrauen (als gelebtes Vertrauen und als Vertrauen zum Leben) ist immer möglich, aber es ist auch immer bedroht; das Leben kennt seine beglückenden und seine absurden Seiten. Glaube an Gott kann daraus erwachsen und in die Krise geraten. Für Küng kann sich der christliche Glaube gerade darin bewähren, dass er auch im schlimmsten Scheitern am Vertrauen an einen gütigen, mit-leidenden Gott, an einen „Gott der Verlorenen" festhält. Doch ersetzt auch die ausgefeilteste Theorie nicht die alltägliche Praxis. Deshalb kommt es darauf an, dieses Vertrauen im gelebten Alltag zu verankern. Ohne Vertrauen nämlich ist die Gegenwart mit ihren Brüchen und Zerwürfnissen nicht zu bewältigen. Vertrauen wird zur Voraussetzung des Überlebens.

In diesem Band sind Texte versammelt, die eine Theologie und Spiritualität des Vertrauens erkennen lassen und so den Leserinnen und Lesern zu einer eigenen Spiritualität des Vertrauens verhelfen. Von vier „Hinwegen" könnte man sprechen, die in vier Kapiteln vorgestellt sind:

Zunächst geht es um die Frage, wie wir *Vertrauen* überhaupt *wagen* können.Es gilt zu entdecken, dass Vertrauen nie problemfrei, aber immer möglich ist. Auch ein glaubendes Verhältnis zu Gott beginnt mit dem Vertrauen zu Mitmenschen und zur Welt, wenn dieser Glaube nicht zu einer autoritären Fehlform degenerieren soll. Während Text I über die Vertrauensfrage als ein existentielles Problem nachdenkt, fasst Text II die Ergebnisse von Küngs Nachdenken in einem großen Bogen zusammen. Text III präsentiert Mozarts Musik als einen Hör-Ort, an dem sich Spuren der Transzendenz intensiver als an anderen Orten finden lassen.

In einem zweiten Teil steht eine andere Frage im Zentrum: Wie können wir das riskierte *Vertrauen* konkret *gestalten?* Wer jemandem vertraut, steht auch öffentlich dafür ein. Hier zeigt sich ein spezifisches Problem der Neuzeit, das die Wahrheit immer mehr zur theoretischen und autoritär auferlegten Aussage verkommen ließ. Darauf wird eine dreifache Antwort gegeben: Eine Wahrheit, die dem Vertrauen entspringt, wird immer zur authentischen, zur wahrhaftigen Aussage (Text I); eine Wahrheit, die unser Vertrauen genießt, wird immer mit Mut und Courage verbunden sein (Text II). In diesen Texten zeigt sich deutlich, dass der Kampf um das rechte Wahrheitsverständnis noch nicht zur Ruhe gekommen ist. Das zeigt am stärksten die Auseinandersetzung mit Pascal, dessen Einsatz für die „Gründe des Herzens"

Küng nachhaltig unterstützt, dessen pessimistisches Misstrauen gegenüber der menschlichen Freiheit er aber kritisch bespricht (Text III).

Schließlich wird gezeigt, dass sich das *Vertrauen durch Liebe zu bewähren hat*, sich sein Feld der Bewährung in der Praxis suchen und finden muss. Ohne Handeln und ohne Liebe würde Vertrauen zum rein privaten Gefühl. In geradezu dramatischer Weise kommen Vertrauen (als Glaube an den gegenwärtigen Gott) und die Bereitschaft zum vertrauenden Handeln (mit dem großen Wort der Liebe umschrieben) im Programm der Bergpredigt zusammen (Text I). Aus dieser Auseinandersetzung kann eine Freiheit entstehen, die – wie paradigmatisch gezeigt – auch ihre Bereitschaft zu Vergebung und Versöhnung findet (Text II). Ein kurzer Lebensabriss von Thomas More zeigt schließlich, dass und warum ein solches Vertrauen den Preis des Todes verlangen und damit das Vertrauen auf eine letzte Probe stellen kann (Text III).

Ein vierter Themenkomplex geht schließlich der Frage nach, ob dieses *Vertrauen* auf den Gott Jesu Christi *Krisen überwinden hilft*. Gemeint sind die wirklich großen und unlösbaren Krisen des menschlichen Lebens und unserer Geschichte. Zur Diskussion stehen ein angemessenes Verständnis der Botschaft vom Kreuz (Text I) sowie die Frage, warum Menschen vor Gott letztlich nie verzweifeln müssen (Text II). Eine Meditation über den uns liebenden und immer auch mit-leidenden Gott schließt diesen Teil ab (Text III).

Nicht ohne Absicht steht am Ende dieses kleinen Buches ein *Gebet*, das als Vision für das 21. Jahrhundert gelten kann. Die abrahamischen Religionen, Judentum, Christentum und Islam, sind durch Abraham – ihren gemeinsamen Vater des Glaubens und des unbedingten Vertrauens auf Gott – miteinander verbunden. Der Felsendom in Jerusalem könnte zu ihrem gemeinsamen Ort des Gebetes werden. Diese strahlende Kuppel würde damit zum großen Symbol eines weltweiten Vertrauens auf Gott. Eine Vision, für die einzutreten sich lohnt.

Die Erstveröffentlichungen der Texte sind am Schluss des Bandes dokumentiert. Nirgendwo wird der ursprüngliche Textsinn verfälscht, doch werden – im Sinne eines mehr meditativen Lesens – Fußnoten und Schriftverweise in der Regel nicht übernommen. Manche Texte sind in Nebensächlichem aktualisiert, einige mussten aus Raumgründen gekürzt werden. Das hat vor allem in den ursprünglich längeren Texten zu Mozart, Thomas More und Blaise Pascal zu Eingriffen geführt. Der Herausgeber hofft deshalb, dass dieses Buch seine Leserinnen und Leser ermutigen wird, zum jeweiligen Text auch den originalen Kontext aufzusuchen.

Dem Piper Verlag bin ich dankbar dafür, dass er in nicht selbstverständlicher Großzügigkeit die Texte, die größtenteils bei ihm erschienen sind, für diese Sammlung zur Verfügung gestellt hat.

Nimwegen, 6. Januar 2003
Hermann Häring

A.
Vertrauen wagen

I. Vom Sinn des Lebens

Zur Einstimmung

Fragen wie: Was soll „das alles"? Was gibt dem Leben Richtung? Was ist der Sinn von alledem, der Sinn des Lebens als Ganzes? Das sind Fragen, die man im Getriebe und Geschiebe des Alltagsflusses, wo man alle Hände voll zu tun hat, um durchzukommen, zumeist ausklammert, wegschiebt.

Nach Sinn, einem Lebenssinn suchen im Zeitalter einer weltweit wahrgenommenen Sinnkrise? In Gesellschaft, auf Partys und in Gruppen, da witzelt man mehr über solche Fragen, da gibt man sich cool, distanziert, ironisch … Aber persönlich befragt oder in Grenzsituationen hineingestoßen, können Antworten auf solche Fragen dann höchst emotional ausfallen: Ja, was soll das Ganze? Ich weiß es nicht und kann es wohl auch nicht wissen: Warum, wozu, wofür das alles? Zyniker, heute oft gerade auch unter jungen Menschen zu finden, sind rasch bei der Hand mit Sätzen wie diesen: Alles ist ohnehin verkommen, kaputt und leer. Wirklich? Wirklich alles? Oder schaut uns diese Wirklichkeit nur deshalb so an, weil wir sie selber so anschauen?

Dies mag uns eine Aufforderung sein, die Frage nach dem Sinn des Ganzen aufzuwerfen, bevor wir einen jener existentiellen Schocks erleiden, von denen keine menschliche Existenz auf die Dauer verschont bleibt: einen Sinnverlust, der so leicht Depression, Aggression und Sucht zur Folge haben kann: Ich denke an

– den Sinnverlust so vieler Menschen im Osten Deutschlands etwa, denen das ganze Sinnsystem ihrer sozialistischen Weltanschauung von einer (trotz aller Unterdrückung schließlich kommenden) besseren, klassenlosen Gesellschaft zusammengebrochen ist;

– den Sinnverlust eines auch im Westen unerwartet arbeitslos Gewordenen (und dies können ja heute auch Manager und Akademiker sein), der sich nun völlig überflüssig vorkommt;

– den Sinnverlust eines Menschen in der Mitte des Lebens, wo alles Erreichbare erreicht und das viele Unerreichte (Traumjob, Traumgehalt, Traumpartner) unerreichbar geworden ist;

– den Sinnverlust schließlich des Mannes oder der Frau, die ihren unersetzbaren Lebenspartner verloren hat, die ein Unfall gelähmt oder eine schwere Krankheit unerwartet aufs Bett geworfen hat ...

Aber nein, ich möchte gerade nicht von solchen Fällen, die wir ja alle kennen, sprechen und uns auf diese Weise niederdrücken. Ich möchte vielmehr in aller Ruhe ohne künstliche Dramaturgie mit Ihnen „meditieren". „Meditari" heißt eigentlich „ermessen", „geistig abmessen" und von daher „nachdenken", „nachsinnen", „Betrachtungen anstellen" ... Es möge dabei nicht nur mit dem Kopf zugehen, sondern vielleicht auch unser Herz aufgehen für eine andere Dimension in unserem Leben, die immer da ist, freilich überlagert von vielen Aktionen und Passionen, Geschäften und Geschichten.

Sinn gleich Arbeit?

Was ist der Sinn des Lebens: Für viele von uns aus der älteren Generation hat die Beantwortung dieser Frage lange Zeit wenig Schwierigkeiten gemacht. Warum? Ich bin selber Jahrgang 1928, und ich weiß, dass viele, die sich inzwischen aus dem aktiven Berufsleben zurückgezogen haben, ähnliche Chancen hatten. Ich war gerade zwanzig, als in Deutschland die Währungsreform erfolgte, die Grundlage für einen rasanten ökonomisch-sozialen Aufstieg. Man nannte das damals „Wirtschaftswunder". Aber es war bekanntlich kein „Wunder", sondern das Ergebnis einer neuen Konzeption von sozialer Marktwirtschaft und eines alle Welt erstaunenden Arbeitsdranges, Arbeitseifers, beinahe einer Arbeitsbesessenheit der Deutschen. Keine Frage: Wer sich im Schweiße seines Angesichts zunächst für das Überleben und dann fürs Besserleben abrackern musste, der hatte mit seinen kurzfristigen Zielen einen unmittelbaren Sinn im Leben und litt normalerweise nicht unter Sinnkrisen.

In der Aufbauphase und Restauration der Industriegesellschaft nach 1945 stand deshalb die *Arbeit* ganz und gar im Zentrum des Lebens der Menschen. Seien wir ehrlich: nicht nur weil Arbeit zunächst zum Überleben und dann Besserleben unbedingt notwendig war, sondern auch weil sich viele der damals verantwortlichen Generation auf diese Weise unbequeme Fragen der Stunde Null, Fragen nach Schuld und Mitverantwortung an der beispiellosen politisch-moralischen Katastrophe Deutschlands, am leichtesten vom Leib halten konnten. Führer und Partei, Nation und Staat hatten ja lange genug Millionen einen Lebenssinn geliefert, und Millionen hatten dafür mit ihrem Leben bezahlt. Aber das war nun vorbei. Und was konnte jetzt stattdessen besser Lebenssinn bieten als die Arbeit, unermüdliche Arbeit; Freizeit war zweitrangig in dieser Arbeitsgesellschaft. Arbeit brachte nicht nur Lebenssicherung und steigenden Lebensstandard, sondern begründete auch ein neues Ethos, ein Ethos der Leistung und des Erfolgs. Ja, Arbeit garantierte geradezu einen neuen Lebenssinn: „Ich will es zu etwas bringen, für mich und meine Familie" – sozialer Aufstieg und Wohlstand. Jene Werkethik calvinistischer Provenienz, welche lange Zeit vor allem pietistische Familien im Schwabenland und im Ruhrgebiet ausgezeichnet hatte (wirtschaftlicher Erfolg als Zeichen göttlicher Auserwählung), wurde jetzt, in freilich säkularisierter Form, Allgemeingut, ja eine neue Lebensphilosophie.

Und in der Tat: Soll es einen Lebenssinn geben ohne Arbeit? Lebenssinn etwa durch Nichtstun? Etwa nur durch

Freizeit, Vergnügen, Ausleben? Oder durch möglichst weit-
gehenden Leistungsverzicht, durch Resignation und Fatalismus, gar durch Ausflippen oder die große Verweigerung –
eine Versuchung des Aussteigens, die bei Überforderung
manchmal auch Managern, Politikern, gar Wissenschaftlern
verlockend erscheinen mag? Aber nein, auf diese Weise
finde ich nicht zu mir selbst, finde ich vielleicht nur meine
eigenen Untiefen, finde ich jedenfalls nicht den Sinn meines
Lebens. Von jedem Menschen sind normalerweise Arbeit
und Leistung gefordert. *Arbeit* als planvolles, auf ein Ziel
ausgerichtetes Tun (was wesentlich mehr ist als die physika-
lische Arbeit des Tieres oder der Maschine) *charakterisiert*
nun einmal *den Menschen.* Ohne sinnvolle Arbeit geht ein
Stück Menschenwürde verloren, wie jeder bestätigen wird,
der einmal wirklich arbeitslos war.

Schon auf den ersten Seiten der Bibel kann man es freilich
nachlesen: Arbeit ist zugleich Auftrag und Anstrengung,
Lust und Last und ist mit Erfolg wie mit Scheitern verbunden. Arbeit, selbst wenn die Arbeitslast durch die moderne
Technik für die meisten von uns sehr viel erträglicher geworden ist, ist normalerweise kein Spiel, wenngleich schöpferische Arbeit manchmal zum Hobby werden kann. Jedenfalls: Ohne Arbeit gibt es normalerweise kaum einen
Lebenssinn. Und was ich mir in meinem Leben erarbeitet
und erworben habe, das hat nun einmal nicht wenig zu tun
mit meinem Selbstwertgefühl. Wenn ich nämlich das Gefühl habe, meine Arbeit würde nicht entsprechend einge-
schätzt (ob im Betrieb, in der Wissenschaft oder im Haus-
halt), so bedrückt, verletzt und schädigt das mein Selbst,
vermindert das subjektiv und objektiv meinen Selbstwert.
Und umgekehrt. Also doch einfach Arbeit gleich Lebenssinn?

Nein, so einfach ist das nicht. Und wir, die 1928er-Gene-
ration, so könnte man etwas schematisiert sagen, erfuhren
die Opposition der 1948er, die dann 1968 ihrerseits zwanzig
Jahre alt geworden waren. Schon die jugendliche Gegenkul-
tur der 60er Jahre mit Beat- und Rockmusik, mit Expressivi-

tät, Erotik und Verausgabung, aber erst recht die politisch orientierte Kulturrevolution der 68er-Generation mit ihren Forderungen nach Emanzipation, Aufklärung, Reform, Transparenz und Toleranz erschütterte nachhaltig die wiederbelebte Arbeits- und Leistungsgesellschaft, ja die ganze „heile Welt" des Normalbürgers. Denn nicht mehr Arbeit, nicht mehr Leistung, Einkommen, Karriere, Sozialprestige standen im Zentrum des Interesses der damals aufbegehrenden jungen Generation, der Gymnasiasten und Studenten. Vielmehr: Utopie, Action, Gesellschaftskritik, Konventionsfeindlichkeit, Zwanglosigkeit, Autonomie und Selbstverwirklichung. So hießen die neuen Stichworte. Nicht mehr um das schiere Über-leben und das gut bürgerliche Besser-leben ging es, sondern immer mehr um ein neues Er-leben.

In der Tat: „Arbeiten! Arbeiten!": ist dies der Sinn des Lebens? Ein Kontrapunkt ist fällig: Lebenssinn gibt es keineswegs nur durch Arbeit! Das Menschenleben ist mehr als Arbeit. Arbeit ist ein wichtiges Element, ist aber nicht der Grund unseres Lebens. Unsere menschliche Tätigkeit umfasst ja doch nicht nur Arbeit, sondern alles persönliche und familiäre Tun, alles soziale, politische und kulturelle Handeln, umfasst nicht nur das Neg-otium, sondern auch das Otium: die Muße, die ja nicht mit Müßiggang, Trägheit und Faulheit gleichzusetzen ist, umfasst auch Freizeit, Spiel, Musisches, Ruhe. Und wenn wir bei aller Arbeit nicht mehr zur Ruhe kommen, wenn wir die Arbeit, die Erwerbsarbeit vor allem, zum Selbstzweck machen, wenn es zu chronischer Angespanntheit, ja, Überangespanntheit kommt, wenn wir von Termin zu Termin hetzen und doch auf derselben Stelle treten: So erfahren wir auf diese Weise leicht in moderner Form das, was Paulus und Luther den „Fluch des Gesetzes" genannt haben. Wir seufzen dann unter dem „Gesetz der Arbeit": unter Leistungszwang, Zugzwang, Erfolgszwang, Arbeitszwang. Und die Frage drängt sich auf: Gibt es nicht eine Befreiung von diesem Zwang?

Sinn gleich Erlebnis?

Aus der Übergangsphase des Kulturkonflikts, ausgelöst von den 1968ern, entwickelte sich in den 80er und 90er Jahren eine dritte Phase der Nachkriegsentwicklung, die Soziologen als *Erlebnisgesellschaft* (Gerhard Schulze) bezeichnen. Wir alle kennen sie: diese Gesellschaft, in der nicht mehr die Arbeit, sondern das immer neue Erleben im Zentrum steht. Das Erlebnis ist hier vielfach Selbstzweck geworden. So vieles brauchen wir nicht und hätten es doch gerne. Ist es nicht so: Von neuer Garderobe bis zum neuen Auto ist uns der Erlebniswert oft wichtiger als der Gebrauchswert. Sinn des Lebens ist weniger die Arbeit als die Suche nach dem schönen Erlebnis und die, wie man heutzutage sagt, „Ästhetisierung" des Alltags: Alles soll gefälliger, schöner, auch spaßiger werden. Und: „Was Spaß macht, muss erlaubt sein!"

Kein Wunder, dass neben dem Arbeitsmarkt der Erlebnismarkt in dieser Gesellschaft zu einem beherrschenden Bereich unseres täglichen Lebens geworden ist, wo die Anbieter immer raffinierter, aber auch wir als die Nachfrager immer routinierter geworden sind. Längst haben wir uns an das ständig Neue gewöhnt. Nur mäßig interessiert mustern wir die ständig neuen Erlebnisangebote: neue Moden, Trends und Gags, neue Informationen, Produkt- oder Verpackungsveränderungen, neue Fernsehserien, Schlager, Zeitschriften, Inszenierungen, neue Tourismusziele … Selbst unerhörte Provokationen regen uns nur wenig auf. Wahrhaftig, eine noch nie dagewesene Erlebnisdichte im Alltagsleben!

Also: „Erlebe dein Leben!": ist dies der Sinn des Lebens? Viele arbeiten tatsächlich nur, um – nach der oft so langweiligen Arbeit – immer mehr erleben zu können. Der meiste Small talk nicht nur im Friseursalon, sondern auch in Partys unserer „gehobenen Schichten" dreht sich um Freizeit, Sport, Kalorien, Fernsehen, Urlaub und Reisen. Und sind wir nun zufriedener? Nicht gerade. Dass auch heute noch kein Überfluss der Welt fähig ist, uns Menschen in unserem Erlebnishunger zufriedenzustellen, was demonstriert das mehr als unsere gegenwärtige Überfluss-gesellschaft, in der die Menschen paradoxerweise immer früher pensioniert werden, aber gleichzeitig immer länger arbeits- und vergnügungsfähig bleiben. Diese Überfluss-gesellschaft bietet uns zwar alles, und ihre grandiose Werbung zeigt uns lauter glückliche und junge Gesichter. Aber ehrlich: Sind wir nun, die wir so viel erleben können, wirklich glücklicher als frühere Generationen und werden wir, ins Jugendliche verliebt, nicht doch älter und alt? Wir, die wir mit einem ständig erweiterten und verbesserten Reise- und Produkteangebot von Auto, Computer und Stereo-anlage bis hin zum Haushaltsgerät und zur Sportkleidung konfrontiert sind? Ist die Folge solcher Erlebnisorientierung nicht allzu oft Freizeitstress, ja Lebensfrust?

Die Zufriedenheitsforschung hat nämlich etwas Wichtiges zu Tage gebracht: Warum eigentlich sind wir Menschen sub-jektiv nur vorübergehend befriedigbar? Aus zwei Gründen: Einmal, weil das schöne Erlebnis, welcher Art auch immer, sich nur bedingt planen, sich nicht eigentlich „machen" lässt. Wer von uns hat es nicht erfahren? Oft endet das so gut Geplante mit einer Enttäuschung, und schon die zweite Fahrt zum selben Ort ist nicht mehr das große Erlebnis von der-einst. Und dann: Es übertrumpfen ja immer gleich wieder neue, bessere Angebote die früheren, machen das Alte lang-weilig und reizen so zu neuen Erlebnissen. Sonst würde ja un-sere Angebotswirtschaft auch gar nicht funktionieren. Wir müssen rasch konsumieren, damit der nächste Produktschub erfolgen kann. Wir müssen also geradezu erlebnishungrig sein und bleiben, nie auf Dauer befriedigt. Auch wenn wir ei-nen Moment der Erfüllung erleben, überfällt uns bereits die Frage, was denn nun als nächstes kommen soll.

Und auch hier ein Paradoxon: Je mehr wir uns an die Su-che nach Befriedigung gewöhnt haben, umso weniger stellt sie sich ein. Und es ist nicht ein Theologe, sondern ein So-ziologe, der bezüglich unserer Erlebnisgesellschaft fest-gestellt hat: „Wochenende und Urlaub, aber auch Partnerbe-ziehung, Beruf und andere Lebensbereiche geraten unter einen Erwartungsdruck, der Enttäuschungen erzeugt. Je vorbehaltloser Erlebnisse zum Sinn des Lebens schlechthin gemacht werden, desto größer wird die Angst vor dem Ausbleiben von Erlebnissen ..." (Gerhard Schulze).

Ja, wie die Arbeit, das unermüdlich strenge Arbeiten, so reicht auch das Erlebnis, das ständig neue Erleben, nicht aus, um dem normalen Menschenleben unter heutigen Lebensbedingungen auf Dauer eine Erfüllung, einen Lebenssinn zu gewähren. Der Mensch lebt nicht nur um zu erleben, er lebt auch nicht nur um zu arbeiten, sondern er arbeitet um zu leben. Aber die entscheidende Frage: Wofür lebt er? Die Einsicht drängt sich auf: Die Arbeit als solche hat letztlich nur dann einen Sinn, wenn das Menschenleben selber einen Sinn hat. Dies ist der zentrale Punkt: Wie erhält das Menschenleben selber einen Sinn, einen bleibenden, durchhaltenden Sinn?

Das Selbst – Quelle des Sinns?

Niemand kann heute mehr übersehen, dass vieles von dem, was neben Arbeit und Erlebnis Sinn vermitteln half, mit in die Krise geraten ist, weil die Werte-Basis unserer Gesellschaft von einer langsam für alle offenkundigen Erosion befallen ist. Ich will nicht lamentieren, vieles ist nur Wertewandel und nicht Werteverlust. Und doch, ich muss es zumindest andeuten, wie die bisherigen Sinn-Systeme vielfach ihre Kraft verloren haben:

– Die *Kirchen* sind weithin zu Dienstleistungsbetrieben geworden, die als Wertinstanzen aufgrund ihrer eigenen Starrheit und Sturheit („katholisch") oder oft auch ihrer Substanz- und Profillosigkeit („evangelisch") nicht mehr ernst genommen werden und so bei der Sinnvermittlung versagen.

– Die *Tradition*, die uns bis 1968 einen zwar engen, aber doch in manchem hilfreichen Verhaltenskodex bot, hat sich im Säurebad der Kritik weithin aufgelöst; die ungeheure Rasanz der ökonomisch-sozialen Entwicklung erfordert darüber hinaus die Anpassung an zum Teil völlig neue Situationen (man denke an die tägliche Informationsüberflutung durch die Medien).

– Die *Moral*, die früher schon Kinder lehrte, was gut und böse, human und nicht human ist, hat sich vielfach in Beliebigkeit aufgelöst und die zehn Gebote weithin vergessen lassen. „Anything goes": in der Politik (der nackte Wille zur Macht gelobt als positive Eigenschaft von Politikern!), auch in der Wirtschaft (Korruption von bisher nicht erlebtem Ausmaß!) und schließlich im privaten Leben (Dekadentes und Perverses in der Sexualität als völlig „normale Unterhaltungsware"!).

Nein, ich will nicht lamentieren, aber feststellen, dass es in solcher Situation nicht leichter geworden ist, für Bindungen einzutreten, für Verpflichtung und Verantwortung über den Tag hinaus – insbesondere nicht im Blick auf unsere junge Generation. Da helfen auch die neuen Sinn-Lieferanten, all die Gurus, Astrologen und Sektengründer kaum weiter. Guter Rat ist buchstäblich teuer, so wie der Rat vieler Psychologen und Psychotherapeuten, die ihrerseits „auf der Suche nach Sinn" (so die Titelthematik von „Psychologie heute", vom Oktober 1994) sind. Der hier gegebene Rat lautet quasi unisono: Angesichts all der wissenschaftlichen, politischen und religiösen Revolutionen und Relativierungen und des immer offenkundigeren Sinnvakuums musst du den *Sinn in dir selber finden!* Arbeite an deinem Selbst, schöpfe deine Potentiale aus, entwickle selber deine Ziele, deine Moral, erfinde deinen Lebenssinn. Definiere selber, was du für sinn-voll hältst, und bestimme, nach welchen Prinzipien du leben willst … Also: „Verwirkliche dich selbst!": ist dies der Sinn unseres Lebens? Gibt dies einen letzten Lebenssinn, der eine Richtung im Leben vermittelt, und das, worauf es gerade Psychologen und Psychotherapeuten ankommt: persönliche Identität und Integrität, ein Gefühl der Kohärenz und Stabilität, was auch schwere Situationen durchhalten lässt?

Doch bedenken wir: Ist unser Selbst bei solcher Sinnstiftung nicht überfordert? Gewiss, ich wäre der Letzte, der etwas gegen Selbstverwirklichung sagen würde. Allzulange hat man in der christlichen Tradition alle Selbstverwirklichung als Ich-Sucht denunziert, hat Selbstaufgabe, hat Askese um der Askese willen und das Zu-Kreuze-Kriechen verlangt. Aber auch Psychologen und Psychotherapeuten sprechen neuerdings warnend von der „Selbstverwirklichungsfalle", die schon manche Ehe zerbrechen und menschliche Beziehungen in die Brüche gehen ließ. Die Selbstverwirklichungsfalle klappt in dem Moment zu, wo Selbst-Verwirklichung von Selbst-Verantwortung, Mit-Verantwortung und Welt-Verantwortung abgekoppelt wird. Selbstbestimmung, Selbsterfahrung, Selbstfindung, Selbstentfaltung, Selbsterfüllung, alles gut, alles schön – solange dies nicht zur narzisstischen Selbstbespiegelung und autistischen Selbstbezogenheit führt. Nein, Selbstbehauptung und Selbstüberwindung brauchen sich nun einmal – in ganz bestimmten Situationen – nicht auszuschließen.

Oder positiv formuliert: Meinen Lebenssinn finde ich nicht in meinem isolierten Selbst, nicht in meinem – ja so oder so immer wieder auch frustrierten – Selbst. Meinen Lebenssinn finde ich in meinem Selbst nur, wenn mein Selbst *offen ist für ein Du, für das Wir*, für die Familie, die Kollegen, den Freundeskreis, kurz, die Mitmenschen, die mit mir leben und auf die ich auch immer wieder angewiesen bleibe. Ein Selbstverwirklichungs-Egoismus, der sich für den Mitmenschen nur interessiert, soweit er sich für die eigenen Zwecke nutzen lässt, führt nicht zum Glück, sondern er führt – wiewohl zuallermeist zu spät bemerkt – zur Selbstisolation und zur Vereinsamung, spätestens im Alter. Damit ist schon deutlich: Einen Lebenssinn finde ich nur, wenn ich mich nicht isoliere und auf mich selbst fixiere, sondern wenn ich mich selber transzendiere, mich übersteige auf ein Anderes, auf einen anderen Menschen, eine Gemeinschaft oder auf eine Sache hin, in deren Dienst ich mich stelle. Und dies auch, wenn da in dieser Welt draußen vieles fragwürdig, vieles unsicher, vieles enttäuschend ist.

Meine Antwort trotz allem: Wir Menschen, und wir Menschen allein, sind sinnsuchende Wesen. Einen tieferen Lebenssinn gewinnen wir aber nur dadurch, dass wir unser Leben auf eine *Tiefendimension* hin öffnen. Dadurch, dass wir bei allem Leben und Erleben, bei allem Arbeiten und Verarbeiten in erster und letzter Instanz uns doch auf etwas verlassen, dessen Quelle wir nicht selber sind. Einen alles übergreifenden, alles umgreifenden Sinn im Leben gewinnen wir nur, indem wir inmitten aller Arbeit, inmitten allen Erlebens mit guten Gründen ein Vertrauen auf diese verborgene Wirklichkeit setzen: ein durchaus vernünftiges Vertrauen also auf jenen allerersten-allerletzten Sinn-Grund, der uns allesamt, mich und die Meinen, zu tragen, zu durchdringen, zu geleiten vermag und den wir mit dem viel missbrauchten Namen Gott bezeichnen.

Durch die Bindung an diesen absoluten Sinn-Grund wird uns eine große Freiheit geschenkt: eine *Freiheit in allem Relativen* dieses Lebens. Dann stehe ich inmitten aller Arbeit nicht mehr unter dem unbarmherzigen Gesetz des Leisten-Müssens, aber auch nicht unter dem Zwang, der drohenden Langeweile durch ständige Erlebnisbefriedigung entkommen zu müssen. Ich bin dann weder Sklave der Arbeit, der keine Zeit für Muße und Kult hat, noch Sklave des Erlebnisses, der ständig auf der Suche nach Ausleben und Rausch ist. Coram Deo, vor Gott, dieser uns alle umfassenden letzten Instanz, die uns beurteilt, sind wir Menschen befreit von der Zwangsneurose, durch ständige neue Leistungen oder Erlebnisse den Sinn unserer Existenz zu „finden" und vor uns selbst oder vor unserer Umwelt rechtfertigen zu müssen. Coram Deo wissen wir, woher wir kommen und wohin wir gehen. Coram Deo haben wir eine Lebensrichtung und ein Fundament für Lebenswerte und Lebensmaßstäbe. Gewiss kein geschlossenes Sinnsystem, aber doch einen verborgenen Lebenssinn, der sich bewähren kann auch in scheinbar sinnlosen Situationen, in Momenten des Sinnverlustes.

Entscheidend ist dabei der Gedanke: Für Gott bin ich, wie ich nun einmal bin – ob ein bisschen mehr oder weniger schön, intelligent, gesund, effizient –, bin ich wertvoll, wichtig, angenommen. Und dies selbst dann, wenn ich durch keine Arbeit mehr Bestätigung finde, wenn ich durch keine Leistung mehr vor den Menschen glänzen kann. Alt oder krank geworden bleibe ich angenommen, ja geliebt, auch wenn ich durch Leistungen nichts mehr zu bringen vermag. Für diesen Gott gehe ich nie auf in meiner Rolle – als Berufsmensch, Wissenschaftler, Geschäftsmann, Politiker, Hausfrau ... Ich bleibe ein bejahter Mensch, selbst dann noch, wenn im Alter die Rollen fallen und die Ermüdung im Verdrängungswettbewerb beginnt. Denn aufgrund meines glaubenden Vertrauens auf einen Ur-Sinn, einen Ur-Grund und ein Ur-Ziel, darf ich gewiss sein, dass mein Leben in jedem Fall, geschehe was immer, einen Sinn hat: und zwar nicht nur in meinen Erfolgen, auch in meinen Misserfolgen, nicht nur bei Glanzleistungen, auch bei Fehlleistungen, nicht nur bei Leistungssteigerung, auch bei Leistungsabfall, nicht nur im Glück, auch im Unglück, nicht nur im blühenden Leben, sondern auch im Altern, ja im unverhofften jähen oder langsamen Tod.

Aber nein, noch ist es nicht so weit. Noch lange nicht, so hoffen wir. Deshalb freuen wir uns des Lebens, eines sinnvollen Lebens, so lange es uns geschenkt sein mag.

Ein Lebenssinn, der trägt

Manch einer wird nun doch am Schluss dieser Meditation die skeptische Frage haben: Trägt solches Vertrauen wirklich, nicht nur in Freude, auch in Leid? Trägt es auch in äußerster Not und Gefahr? Ja. Und dass ein solches Vertrauen trotz allem trägt, hat am 28. Dezember 1944 ein 38jähriger Christ bewiesen. An seine Mutter schrieb er zu deren Geburtstag aus dem Gefängnis heraus angesichts des Todes einen Brief. Und diesem Brief lag ein Gebet bei: „Von guten Mächten". Sein Verfasser ist der evangelische Theologe Dietrich Bonhoeffer, der drei Monate später im KZ hingerichtet wurde. Der Lagerarzt sah ihn in der Vorbereitungszelle knien und inbrünstig beten; nie hatte er einen Menschen so gefasst in den Tod gehen sehen:

Von guten Mächten treu und still umgeben,
behütet und getröstet wunderbar,
so will ich diese Tage mit euch leben
und mit euch gehen in ein neues Jahr.

Noch will das alte unsre Herzen quälen,
noch drückt uns böser Tage schwere Last,
ach, Herr, gib unsern aufgescheuchten Seelen
das Heil, für das Du uns bereitet hast.

Und reichst Du uns den schweren Kelch, den bittern
des *Leids*, gefüllt bis an den höchsten Rand,
so nehmen wir ihn dankbar ohne Zittern
aus Deiner guten und geliebten Hand.

Doch willst Du uns noch einmal *Freude* schenken
an dieser Welt und ihrer Sonne Glanz,
dann wolln wir des Vergangenen gedenken,
und dann gehört Dir unser Leben ganz.

Lass warm und still die Kerzen heute flammen,
die Du in unsre Dunkelheit gebracht,
führ, wenn es sein kann, wieder uns zusammen.
Wir wissen es, Dein Licht scheint in der Nacht.

Wenn sich die Stille nun tief um uns breitet,
so lass uns hören jenen vollen Klang
der Welt, die unsichtbar sich um uns weitet,
all Deiner Kinder hohen Lobgesang.

Von guten Mächten wunderbar geborgen,
erwarten wir getrost, was kommen mag.
Gott ist mit uns am Abend und am Morgen
und ganz gewiss an jedem neuen Tag.

II. Grundvertrauen und Weltethos

Was mir sicher schien

Um mich der komplizierten Thematik zu nähern, möchte ich zunächst von meinen eigenen Erfahrungen erzählen und sie analysieren. Dabei gehe ich auf die Zeit der entscheidenden Weichenstellung in meinen Studienjahren zurück. Ich bin 1948, mit zwanzig Jahren, als Student nach Rom gegangen, weil ich dort eine umfassende klassische Ausbildung erhalten konnte: sechs Semester Philosophie und acht Semester Theologie – alles in Latein. Ich bezog das Päpstliche Kolleg „Germanicum", das 1580 von Ignatius von Loyola ins Leben gerufen wurde, um eine neue Elite von Weltklerikern für die von der Reformation erschütterte katholische Kirche heranzubilden. Ich hoffte da eine Formung des Verstandes, des Willens und des Herzens zu erhalten, die mich auf meine seelsorgliche Aufgabe vorbereitete, was denn auch geschah.

Sieben volle Jahre nicht ohne Heimweh – mit nur zwei Heimaturlauben von wenigen Wochen – wurden es so in Rom, in kardinalroten Talaren separiert von der Welt und der eigenen Familie. An höhere hierarchische Ehren dachte ich dabei ebensowenig wie an die akademische Laufbahn. Seelsorge, möglichst in einer Stadt und damit verbunden Jugendarbeit: das war mein Ziel. Und zu diesem Zweck wollte ich eine gründliche Ausbildung mit philosophischem Lizentiat und theologischem Doktor als Abschluss – an mehr dachte ich nicht. Und so brachte man mir denn bei, worauf ich bis heute keinesfalls verzichten möchte: lateinische Klarheit, terminologische Zucht, in sich kohärente Beweisführung und überhaupt strenge Arbeitsdisziplin.

„Während des ganzen Tages Studium" hieß es in der Regel; vorgeschrieben war die Freizeit: nach dem Mittag- und Abendessen eine gute halbe Stunde „Erholung" nebst einer kurzen Siesta, für meine Nachtarbeit bis heute unerlässlich. These um These galt es zu studieren im Geist des Thomas von

Aquin. Hundert an der Zahl für das Schlussexamen in Philosophie und wieder hundert nach weiteren acht Semestern für das Schlussexamen in Theologie, mit insgesamt Tausenden von Textseiten. Immer nach demselben Schema: zuerst den „Status quaestionis" (Problemstand), darauf die Gegner der These, dann vor allem die Argumente dafür und am Ende die Einwände dagegen samt Antworten. Alles war in Latein auswendig zu lernen, eine harte Schule, die in den schriftlichen und mündlichen Examina kein Drumherumreden in der Muttersprache gestattete, die nicht nur die Bibel, sondern auch die konziliaren und päpstlichen Definitionen im Wortlaut abforderte.

Sechs Semester Philosophie mit Erkenntnistheorie, Naturphilosophie und Psychologie, philosophischer Gotteslehre und Ethik und einer Philosophiegeschichte, die hervorragende Einführungen in Kant und Hegel mit einschloss, beendete ich schließlich mit einer Lizentiatsarbeit über Jean-Paul Sartres Humanismus – in den 50er Jahren à la mode. Und fest war ich davon überzeugt, für mein Leben einen Standpunkt, ja eine absolut sichere wissenschaftliche Basis gewonnen zu haben, die ich jederzeit rational verantworten konnte. Und ich erinnere mich noch genau, wie ich nach dem Lizentiat der Philosophie mit einem Freund vom Germanicum zum Pincio, Roms großem Park, hinaufspazierte und wir es großartig fanden, dass wir uns, mühselig genug, ein klares, durch und durch rationales philosophisches Fundament für die Theologie erarbeitet hätten: eine natürliche Basis evidenter Seinsprinzipien und in methodischer Strenge abgeleiteter Konklusionen. Auf dieser natürlichen Basis der Vernunft und der Philosophie brauchten wir jetzt nur mit derselben Gründlichkeit den übernatürlichen Überbau des Glaubens und der Theologie aufzubauen, um für das Leben gerüstet zu sein, dachten wir. Aber gerade dieses Stockwerk-Schema erwies sich als trügerisch. War diese Philosophie eine wirklich sichere Basis?

Woran ich zweifle

Einen letzten Zweifel, zunächst nicht sehr ernst genommen, hatte ich ohnehin noch nicht ausgeräumt. Auf der intellektuellen Ebene schien alles kristallin klar, aber auf der existentiellen Ebene blieb eine Ungewissheit. Sie drängte sich während der ersten theologischen Semester immer wieder auf und zeigte, dass letztlich doch nicht alles so einleuchtend, beweisbar und abschätzbar ist:

Was ist der Sinn meines Lebens? Ist es evident, dass mein Leben einen Sinn hat? Was will ich eigentlich? Warum bin ich so, wie ich bin? Warum muss ich mich so annehmen, wie ich nun einmal bin, mit meinen Positiva und Negativa? Annahme meiner selbst aufgrund vernünftiger Argumente?

Und was ist der Sinn meiner Freiheit? Warum ist sie nicht einfach auf das Gute ausgerichtet? Was treibt mich? Warum ist Schuld möglich? Und fällt die Möglichkeit des Versagens, Verfehlens, Schuldigwerdens nicht auf den zurück, der den Menschen so gewollt hat, so dass ich selber entlastet bin? Bejahung meiner Freiheit also aufgrund rein rationaler Einsicht?

Angesichts solcher existentieller Fragen und Bedrängnisse halfen mir die angeblich evidenten Seinsprinzipien der griechisch-thomistischen Metaphysik wenig: Das Seinsprinzip: Sein ist Sein. Aber ist Sein wirklich Sein? Das Kontradiktionsprinzip: Sein ist nicht Nichtsein. Aber ist das Sein wirklich nicht Nichtsein? Die sogenannten Transzendentalien: Jedem Seienden eignet als solchem Identität, Wahrheit und Gutheit. Aber ist das Sein wirklich eins, wahr und gut?

Dies alles konnte man im Zeitalter des Nihilismus und Existentialismus auch bestreiten – mit Verweis auf die Zwiespältigkeit, Vergänglichkeit, Verfallenheit, Verlorenheit, eben Nichtigkeit der menschlichen Existenz. Hat Jean-Paul Sartre, dessen Humanismus sich als Existentialismus versteht, den Menschen nicht als „trou d'être", als „Seinsloch" beschrieben, der sich einfach selber frei zu entwerfen hat? Und hat Nietzsche nicht eindringlich den „Verdacht", den Argwohn, das Misstrauen formuliert gegenüber allem, was ist und wahr und gut sein soll, und besonders gegenüber jeglicher Metaphysik?

Angesichts solch existentieller Schwierigkeiten half mir auch der moderne Ansatz Descartes' und sein angeblich evidenter Ausgang bei der menschlichen Subjektivität wenig. Sein „Cogito" verschärfte die Frage eher: Ich denke, also bin ich?

Was heißt denn „ich denke"? Bin ich denn je einmal nur Vernunft? Bin ich denn selbst im Zweifel nicht mehr als nur ein Denkender, bin ich nicht immer zugleich ein wollender, fühlender und oft auch irrationaler Mensch? Was heißt denn „ich bin"? Weiß ich denn, was mich ausmacht? Ist mein Ich mir wirklich zugänglich? Bin ich nicht ein mit Verstand und Willen, Gemüt und Triebstruktur, Geist und Leben, Kopf und Herz, Bewusstem und Unbewusstem ausgestattetes Wesen: ein in vieler Hinsicht recht widersprüchliches Wesen? Ist die Mitte meiner Person nicht eher das Herz, „le cœur", das, wie es Descartes' Antipode Blaise Pascal verstand, nun einmal nicht nur von Rationalität, sondern auch von Interessen, Trieben, Träumen, Emotionen, Leidenschaften bewegt wird?

Jedenfalls erfahre ich mich selber als ein höchst ambivalentes, in vielfacher Hinsicht zwiespältiges Wesen mit Stärken und Schwächen. Keinesfalls ein idealer Mensch, sondern ein Mensch mit seinen Höhen und Tiefen, Tag- und Nachtseiten, mit all dem, was C. G. Jung, den ich bereits in meinen damaligen Philosophiejahren intensiv studierte, den „Schatten" der Person nennt, eben das, was der Mensch statt aufzuarbeiten nur zu gern wegschiebt, unterdrückt, verdrängt. Und möchte nicht manch einer in seinem Herzen gerne etwas besser, ein ganz klein wenig intelligenter, reicher, schöner sein? Oft nimmt man leichter die Welt an als sich selbst, wie man nun einmal ist oder durch andere gemacht wurde. „Das Einfache aber ist immer das Schwierigste", so las ich bei C. G. Jung: „In Wirklichkeit ist nämlich Einfachsein höchste Kunst, und so ist das Sich-selbst-Annehmen der Inbegriff des moralischen Problems und der Kern einer ganzen Weltanschauung."

Was ich damals empfand, sah ich ein Jahrzehnt später bei einem katholischen Theologen, der in Tübingen ein gutes Jahrzehnt vor mir ebenfalls außerhalb einer theologischen Fakultät dozierte, mit Berufung auf Pascal treffend beschrieben. Es war Romano Guardini: „Die Aufgabe kann sehr schwer werden. Es gibt die Auflehnung dagegen, man selber sein zu müssen: Warum soll ich es denn? Habe ich denn verlangt, zu sein? ... Es gibt das Gefühl, es lohne nicht mehr, man selbst zu sein: Was habe ich denn davon? Ich bin mir langweilig. Ich bin mir zuwider. Ich halte es mit mir selbst nicht mehr aus. ... Es gibt das Gefühl, mit sich selbst betrogen, in sich eingesperrt zu sein: Nur so viel bin ich, und möchte doch mehr. Nur diese Begabung habe ich, und möchte doch größere, leuchtendere. Immer muss ich das Gleiche. Immer stoße ich an die nämlichen Grenzen. Immer begehe ich dieselben Fehler, erfahre dasselbe Versagen. ... Aus alledem kann eine unendliche Monotonie kommen; ein furchtbarer Überdruss."

Wie aber konnte ich, ohne in Irrationalität zu verfallen, zu einer positiven Grundeinstellung zu dieser ambivalenten Wirklichkeit von Welt und meiner selbst kommen?

Ich kann Ja oder Nein sagen

Das war meine Grundfrage: Wie konnte ich zu einer bewussten konstruktiven Einstellung kommen, die nun einmal des Menschen ganzes Erleben, Verhalten, Handeln umgreift, einfärbt oder prägt – angesichts der Tatsache, dass sich diese höchst ambivalente Wirklichkeit der Welt und meiner selbst gerade nicht zwingend mit Evidenz aufdrängt als das, was sie ist? Wie konnte ich einen festen Standpunkt gewinnen, sozusagen einen archimedischen Punkt, von dem aus ich meine Wirklichkeit grund-legend bestimmen, bewegen, verändern kann?

Offensichtlich geht es in dieser Grund-Frage um eine freie und gerade so verantwortete Stellungnahme: Ist doch der Mensch weder total von seiner Erbmasse oder seinem Unbewussten vorprogrammiert noch total von seiner Umwelt konditioniert, ist er doch weder Tier noch Roboter. In den Grenzen des Angeborenen und Umweltbestimmten also ist jeder frei, frei im Sinne von Selbstbestimmung und Selbstverantwortung. Gewiss: Ich kann diese Wahl- und Entscheidungsfreiheit nicht beweisen. Aber ich kann sie jederzeit unmittelbar erfahren, wann immer ich will: Ich kann jetzt schweigen – nein, ich will reden – oder soll ich lieber schweigen? ... Ich könnte also auch anders, ich mache es jetzt anders. Eine Erfahrung nicht nur des Tuns, sondern auch des Lassens, leider nicht nur des Erreichens, sondern bisweilen auch des Versagens, Schuldigwerdens.

Eine große Alternative tut sich hier auf:
– Ich kann mehr oder weniger bewusst *Nein* sagen zu einem Sinn meines Lebens, zur Wirklichkeit überhaupt. Die nihilistische Alternative, ob philosophisch reflektiert oder pragmatisch gelebt im Sinn des „Alles eh egal" (um trivialere Worte zu vermeiden): Sie findet immer wieder genügend Negatives, um auf die Absurdität, Zerrissenheit, Leere, Wert- und Sinnlosigkeit des Lebens, ja die Nichtigkeit der Wirklichkeit überhaupt zu schließen.
– Ich kann allerdings auch bewusst *Ja* sagen: zum Grund und Sinn meines Lebens trotz allen Unsinns, zur Wirklichkeit überhaupt trotz aller Nichtigkeit. Ein Wagnis freilich ist dies angesichts des offensichtlichen Risikos der Enttäuschung, angesichts des immer wieder möglichen Scheiterns.
Aber warum soll ich Ja sagen? Ich erinnere mich genau, wie ich meine römischen Lehrer mit dieser Frage in Verlegenheit brachte. Man verwies mich auf Gott. Aber: die Frage nach meinem eigenen Standpunkt, nach dem Sinn meines Lebens, meiner Freiheit, der Wirklichkeit überhaupt schienen mir grundlegender und deshalb vordringlicher zu sein als die Frage nach Gott, die erst in zweiter Linie zu überlegen

wäre. Man sagte mir, eine solche Frage sei letztlich Rebellion gegen Gott. Aber: wie sollte ich an Gott glauben, wenn ich noch nicht einmal mich selber annehmen kann? Man sagte mir, ich müsse eben „glauben". Aber: „glauben", so wurde ich erzogen, gilt doch nur auf der „oberen" Ebene der eigentlichen, christlichen Offenbarungswahrheiten. Glauben hatte doch auf der „unteren", natürlichen Ebene der Vernunft nichts zu suchen. Da soll doch allein das Wissen herrschen, die evidente Einsicht.

In meinen letzten römischen Jahren zeigte sich mir, dass auch die evangelische Theologie, wie ich sie damals durch Karl Barths monumentale Dogmatik intensiv kennenlernte, sich diesbezüglich in einer Verlegenheit befindet: Hier sich von vorneherein auf Gottes Wort verlassen? Einfach die Bibel lesen? Und wie ist es mit denen, welche die Bibel nicht lesen, weil sie sie nicht lesen können oder wollen oder weil sie überhaupt nicht lesen können? Können vielleicht alle diese Nichtchristen gar keinen festen Standpunkt in ihrem Leben finden, kein Lebensvertrauen erreichen? Ist der Glaube an den christlichen Gott wirklich Voraussetzung für jegliches Ja zur Wirklichkeit und für jegliches Ethos, das darauf aufbaut? Fragen, welche auch die evangelische Theologie bis auf den heutigen Tag kaum reflektiert hat.

Während ich damals brav Traktat um Traktat jener neuscholastischen Theologie – von der Trinitäts- und Schöpfungslehre über die Christologie und Ekklesiologie bis hin zu den Sakramenten und der Lehre von den Letzten Dingen – studierte, alles Thesen, die jetzt im Wesentlichen auch wieder in den römischen „Weltkatechismus" eingegangen sind, faszinierte mich zunehmend das Problem des Heils der Ungläubigen und der Begründung der menschlichen Existenz. „De salute infidelium" hieß ein Seminar, das mir viel Material aus der christlichen Tradition bot, das mich aber letztlich unbefriedigt ließ, weil es bezüglich des Heils der Nichtchristen und ihrer Standpunktgewinnung keine überzeugende Lösung bot.

Die Weltreligionen waren dabei nur ein Aspekt des Problems der „Ungläubigen"; ich war schon 1955 zum ersten

Mal im muslimischen Nordafrika und einige Jahre später zum ersten Mal rund um die Welt. Der andere Aspekt des Problems der „Ungläubigen" war für mich die wachsende Zahl von Nichtchristen mitten in Europa. Von Atheismus und Agnostizismus hörten wir damals in den Vorlesungen, freilich in reichlich abstrakter Form. Auch von den modernen Philosophen sprach man weithin losgelöst von deren bewegenden Lebensschicksalen. Als ob da ein System ein anderes und dieses wiederum ein drittes fortgezeugt habe! Standen aber hinter den Denkfragen der Vordenker der „säkularen Moderne" nicht Lebensfragen?

Noch immer aber quälte mich die Frage nach der bewussten Begründung der menschlichen Existenz. Ein Schlüsselerlebnis – wiederum ein negatives freilich – war für mich ein langes Gespräch in meinem zweiten Heimaturlaub 1953. Ich absolvierte damals ein mehrwöchiges „Diakonat" in der Gemeinde St. Laurentius von Berlin-Moabit und diskutierte dort unter anderem mit einem jungen Künstler, der ungefähr dieselben Schwierigkeiten mit dem Sinn des Lebens hatte. Aber mit meiner ganzen philosophischen und auch schon zweijährigen theologischen Bildung erwies ich mich als unfähig, meinem Gesprächspartner eine überzeugende Antwort zu geben. Auch Ausflüge in die Ästhetik nützten da wenig. Wie also einen Stand gewinnen?

Wie einen Stand gewinnen?

Nun gab es im Germanicum, wie in allen katholischen Seminaren üblich, einen zu strenger Vertraulichkeit verpflichteten „Meister": den Spiritual. Ich hatte das Glück, hier auf einen außergewöhnlichen Mann zu treffen: P. Wilhelm Klein, einen lebenserfahrenen und weitgereisten Jesuiten mit gründlicher philosophisch-theologischer Vorbildung, ganz von Hegel geprägt; erst 1998 ist er mit 102 Jahren gestorben. Die Gregoriana-Thesen über Vernunft und Offenbarung seien „so klar wie Wasser", war eines seiner typischen Bonmots, seien aber auch „nur Wasser". Diesen spiri-tuellen „Meister" suchte ich nach meiner Rückkehr aus dem Norden auf.

Natürlich erhielt ich wieder die Antwort, auf die ich, da-gegen schon längst allergisch, gefasst war und die zu atta-ckieren ich mir fest vorgenommen hatte, um endlich eine Lösung des Konflikts zu erzwingen: Man muss glauben! Glauben? Glauben?? Doch plötzlich – mitten in diesem Ge-spräch – durchzuckte mich eine Erkenntnis. Ich spreche un-gern von einer „Erleuchtung", wohl aber von einer spirituel-len Erfahrung; jedenfalls kam diese intuitive Erkenntnis nicht einfach von meinem Gegenüber und auch nicht durch mein eigenes begriffliches Bemühen. Glauben? Die Lösung war gewiss nicht der Glaube im katholischen Sinn des intel-lektuellen Annehmens übernatürlicher Glaubenswahrhei-ten und Dogmen. Allerdings auch nicht Glauben im evan-gelischen Sinn des rechtfertigenden Annehmens von Gottes Gnade in Christo. Damit hatte meine Erkenntnis vielleicht zu tun, und doch war sie einfacher, elementarer, grundlegen-der. Geht es doch hier zunächst einmal um die bewusste Be-gründung der menschlichen Existenz, nicht so sehr der christlichen, sondern überhaupt um die Frage, die sich also für Christen wie Nichtchristen schon „vor" aller Lektüre der Bibel stellt: Wie kann ich einen festen Standpunkt ge-winnen? Wie mein eigenes Selbst mit all seinen Schattensei-ten annehmen? Wie meine eigene auch für das Böse offene Freiheit akzeptieren? Wie bei allem Unsinn einen Sinn in meinem Leben bejahen? Wie zur Wirklichkeit von Welt und Mensch, so wie sie nun einmal ist in ihrer Rätselhaftig-keit und Widersprüchlichkeit, Ja sagen?

Mir ging auf, dass mir ein elementares Wagnis zugemutet wird, ein *Wagnis des Vertrauens!* Dies war die Herausforde-rung: Wage ein Ja! Statt eines abgründigen Misstrauens wage ein grundlegendes Vertrauen zu dieser Wirklichkeit! Statt ei-nes Grundmisstrauens wage ein Grundvertrauen: zu dir selbst, zu den anderen Menschen, zur Welt, zur fraglichen Wirklichkeit überhaupt! Bei Dag Hammarskjöld, dem damaligen Generalsekretär der Vereinten Nationen, fand ich viele Jahre später diesen Gedanken so ausgedrückt (mit Datum Pfingsten 1961, vier Monate vor seinem Tod auf Friedensmission an der Grenze des Kongo): „Ich weiß nicht, wer oder was die Frage stellte. Ich weiß nicht, wann sie gestellt wurde. Ich weiß nicht, ob ich antwortete. Aber einmal antwortete ich Ja zu jemandem – oder zu etwas. Von dieser Stunde her rührt die Gewissheit, dass das Dasein sinnvoll ist und dass darum mein Leben, in Unterwerfung, ein Ziel hat. Seit dieser Stunde habe ich gewusst, was das heißt, ‚nicht hinter sich zu schauen', ‚nicht für den anderen Tag zu sorgen'."

Diese seltsame Erfahrung erfüllte mich mit unbändiger Freude. Ja sagen, Grundvertrauen wagen, Lebensvertrauen riskieren: so und nur so konnte ich Grund unter die Füße bekommen und Stand fassen, so eine bestimmte Grundeinstellung einnehmen, so konnte ich weitermachen und einen aufrechten Gang bewahren. Mir war schon damals klar: Mit Vertrauensseligkeit, einem unkritischen Optimismus, hatte dieses Grundvertrauen und diese Grundüberzeugung nicht das Geringste zu tun. Die Wirklichkeit der Welt und meiner selbst hatte sich ja nicht verändert, nur meine Grundeinstellung zu ihr. Sie war keineswegs zur heilen Welt geworden, sondern war nach wie vor von Widersprüchlichkeit geprägt und von Chaos und Absurdität bedroht. Und auch mein Ich hatte seinen Schatten keineswegs verloren. Es bleibt undurchschaubar, fehlbar, schuld-bedroht, sterblich. Meine Freiheit war nach wie vor zu allem fähig, und die der Mitmenschen auch. Bei allem Grundvertrauen war also Lebensklugheit erfordert: eine Balance zwischen berechtigten Vorbehalten und Vertrauen, im Einzelfall auch durchaus Skepsis und Misstrauen. Ja, auch die Möglichkeit eines grundsätzlichen Misstrauens gegenüber der Wirklichkeit war nie ein für alle Male weggeschafft.

Doch ich wusste und bleibt mir wichtig: Dieses mein Grundvertrauen ist umgekehrt keineswegs irrational und damit unüberprüfbar. Zwar lässt sich mein grundsätzlich positiver Standpunkt, meine im Prinzip nicht-nihilistische, sondern konstruktive Einstellung zu meinem Leben und zur Wirklichkeit überhaupt nicht gleichsam von außen, „objektiv", aufweisen. Es lässt sich nämlich keineswegs zunächst etwas als evident oder vernünftig aufweisen, was dann mein Grundvertrauen so begründen könnte, dass es schließlich über jeden Zweifel erhaben wäre. Nein, einen solchen vorausgesetzten „archimedischen Punkt" des Denkens gibt es nicht. Und selbst ein so kritischer Denker wie Karl Popper kommt ja nicht darum herum, an der Basis seines „kritischen Rationalismus", zumindest die Vernünftigkeit der Vernunft vorauszusetzen: einen „Glauben an die Vernunft".

Nun weiß ich wohl, dass manche Philosophen ein solches Vertrauen in die Vernunft für irrational halten. Ich selber würde dieses Sich-Verlassen, dieses grundlegende Vertrauen auf die Vernunft jedoch keineswegs als irrational bezeichnen. Auch das Vertrauen zur Vernunft lässt sich zwar nicht von vornherein beweisen, wohl aber im Vollzug erfahren: im Gebrauch der Vernunft, *im* Sich-Öffnen gegenüber der Wirklichkeit, *im* Ja-Sagen. Das Grundvertrauen in die Wirklichkeit lässt sich, wie andere Grunderfahrungen (z. B. Liebe, Hoffnung) auch, gerade nicht durch eine Argumentation vorher beweisen, aber auch nicht erst im Nachhinein. Es ist also weder Prämisse meiner Entscheidung noch deren Konsequenz. Aber dieses Grundvertrauen lässt sich im Vollzug meiner Entscheidung, im Akt des Vertrauens selbst, als durchaus sinnvoll, als vernünftig erfahren. An einem See aufgewachsen, kann ich mich noch sehr gut erinnern: Dass das Wasser meinen Körper, auch meinen, trägt, lässt sich nicht durch einen noch so gescheiten Trockenschwimmkurs, das lässt sich nur im Schwimmen erfahren. Ohne das Wagnis, mich der Wirklichkeit des Wassers anzuvertrauen, werde ich es nie erfahren, dass es mich, auch mich, trägt. Und ich erinnere mich noch sehr wohl des beglückenden Tages, da ich im Schwimmbad als Kind allein die Erfahrung machte: das Wasser trägt mich, ich kann schwimmen.

Beglückend, jawohl, ist auch die Erfahrung des Urvertrauens: Dieses grundsätzliche Ja zur fraglichen Wirklichkeit –

ohne billigen Optimismus – macht offen für die Wirklichkeit von Welt und Mensch und für die verborgene Sinnhaftigkeit und Werthaftigkeit auch meines eigenen Lebens. Ein nihilistisches Nein aber, ein Urmisstrauen, lässt sich zwar durch keine noch so rationalen Argumente erschüttern, verwickelt sich allerdings in immer größere Widersprüche; Nietzsches Werk, Leben und geistiges Erlöschen haben das grausam gezeigt. Das grundsätzliche Ja dagegen lässt sich in der Praxis trotz aller Schwierigkeiten und Hemmnisse konsequent durchhalten. Es lässt sich durch alle Anfechtungen und Enttäuschungen hindurch leben, durch ein ständig neues Standfassen und neues Ausschreiten bewähren. Ein Urvertrauen, das gegen alle immer wieder drohenden Anflüge von Verzweiflung doch zur durchhaltenden Hoffnung wird. So ganz anders als Nietzsche schreibt Dag Hammarskjöld: „Du wagst dein Ja – und erlebst einen Sinn. Du wiederholst dein Ja – und alles bekommt Sinn. Wenn alles Sinn hat, wie kannst du anderes leben als ein Ja." Doch jetzt ein weiterer Gedankenschritt: Selbstverständlich ist das Grundvertrauen nicht plötzlich da.

Wie das Kind ein Grundvertrauen gewinnen kann

Das Grundvertrauen hat in jedem Menschen seine eigene Geschichte. Konkret klar wurde mir dies erst viele Jahre später, als ich mich näher mit Entwicklungspsychologie und hier insbesondere mit Erik Erikson befasste und dabei feststellte: Für die ordentliche physisch-psychische Entwicklung des Kleinkindes ist der Erwerb von Grundvertrauen („basic trust") von vitaler Bedeutung. Ist ein Kind schon im Säuglingsalter geschädigt – durch psychogene Krankheiten, durch Entzug der Mutter oder durch emotionale Defizite von uninteressierten oder überbeschäftigten Pflegerinnen (der von René Spitz schon früh untersuchte „Hospitalismus") –, dann kann ein Grundvertrauen gar nicht erst entstehen. Für Erik Erikson ist das erste Stadium in der Entwicklung des kleinen Kindes (ungefähr das erste Lebensjahr) geradezu identisch mit dem *Stadium des Grundvertrauens.*

Ja, weitere Forschungen haben gezeigt, dass die Mutter (oder ihre Ersatzperson) geradezu die Vertrauensbasis ist für alle Welterforschung des Kleinkindes. Man braucht nicht fünf jüngere Schwestern und einen ebenfalls jüngeren Bruder gehabt zu haben, um genau beobachten zu können, wie ein Kleines, wenn es kriechend zur Welterkundung und zum Kontakt mit anderen Personen fähig wird, doch immer wieder den Blickkontakt mit der Mutter sucht und weint, sobald es ihn verliert; und wie es im zweiten Jahr, zwar jetzt fähig, sich auch außerhalb der Sicht der Mutter zu bewegen, doch immer wieder zur Mutter zurückkehrt und sonst Trennungsangst zeigt. Indem das Kind sich so zunächst der Mutter öffnet, öffnet es sich – unter langsamer Ablösung von der Mutter – den Menschen, den Dingen, der Welt. Je unsicherer ein Kind in seiner Mutterbindung, desto mehr ist es im Aufbau von Beziehungen zu anderen Menschen blockiert, da es ganz damit beschäftigt ist, mindestens eine zuverlässige Mutterbindung aufzubauen – und umgekehrt: Vom Vertrauen zur Mutter (oder ihrer Ersatzperson) her bildet sich in einem komplexen Prozess – auf die Stellung des Vaters und so manches andere gehe ich hier nicht ein – das zunächst naiv-fraglose, doch schon ständig gefährdete Grundvertrauen des Kindes, das ihm einen Stand im Leben ermöglicht.

Wie es im Leben dann weitergeht, ist uns bekannt: Schon früh und immer mehr kann es zu schweren *Vertrauenskrisen* kommen: Versagen in Schule, Ausbildung und persönlichen Beziehungen, aber auch eine aussichtslose Zukunft durch Arbeitslosigkeit, verratene Freundschaft und erste große Enttäuschung in der Liebe, Scheitern im Beruf, Verlust der Gesundheit, die oft unerträgliche Last des Daseins ... Ob früher oder später: Aus dem fraglosen, vorbehaltlosen, unwillkürlichen Vertrauen des zunächst ganz von der Mutter abhängigen Kindes muss durch Krisen hindurch das gereifte verantwortete Grundvertrauen werden: das überlegte, kritische Vertrauen des selbständig gewordenen Erwachsenen zur Wirklichkeit von Welt und Mensch. Und je länger desto weniger geht es ohne bewusste Entscheidung ab, wie sich der Mensch zum Leben, zu den Mitmenschen, zur Welt, zur Wirklichkeit stellt. Ohne gereiftes Grundvertrauen, Lebensvertrauen jedenfalls kein Bestehen der Lebenskrisen!

Dabei muss man nicht viel von Eugen Rosenstock-Huessy und Ferdinand Ebner, Martin Buber oder Gabriel Marcel gelesen haben, um zu wissen: Der Mensch braucht nicht nur ein Es, nicht nur ein Anderes oder einen Anderen als Nicht-Ich. Er braucht ein Du: ein anderes Ich, das er ansprechen kann, das der Hilfe, Treue, Güte und des Verstehens fähig ist, das in der Anrede zum Du wird: ein Du, das Vertrauen annimmt und Vertrauen schenkt. Gewiss nicht alle Menschen können uns in dieser Weise begegnen, aber wenigstens einige, zumindest einer/eine müsste dem Menschen in dieser ganz personalen Weise begegnen, wenn er immer wieder neu Vertrauen zur fraglichen Wirklichkeit überhaupt gewinnen und es auch bewahren soll. Das heißt: Auch für den Erwachsenen ist ohne Vertrauen ein menschenwürdiges Leben nicht möglich. Ja man kann generalisierend sagen: Ohne Vertrauen keine Freundschaft, keine Liebe, keine Ehe. Ohne Vertrauen auch keine psychotherapeutische Behandlung. Ohne Vertrauen kein Geschäftsleben, keine Politik, keine Wissenschaft und keine Kultur. Gelingendes Menschenleben baut auf Vertrauen auf.

Entscheidend also ist: Das Grundvertrauen bestimmt nicht nur die erste Entwicklungsphase des Menschen, sondern bleibt ein Leben lang der *Eckstein der psychisch gesunden Persönlichkeit*, zu dem das Grundmisstrauen freilich den lebenslangen Kontrapunkt bildet. Denn es geht überall – um die Stichworte von Horst Eberhard Richter aufzunehmen – statt um „Flüchten" um „Standhalten", gerade in einer hochkomplexen Gesellschaft wie der unsrigen. Das Grundvertrauen ist somit die Grundlage des Identitätsgefühls, das jedoch in stets wieder neuen Formen durch alle sozial-psychologischen Konflikte durchgehalten werden muss. Denn aus dem zunächst naiv-fraglosen Hinnehmen der Wirklichkeit des Kindes muss das überlegte Annehmen werden, das kritische Vertrauen des selbständig gewordenen Erwachsenen. Grundvertrauen bleibt so eine lebenslange Aufgabe, das aber einem immer wieder geschenkt sein muss ...

Deshalb die weitere Frage: Kann man das Grundvertrauen vielleicht auch schon „Glauben" nennen? Meine Antwort: Man kann, aber man sollte nicht.

Wie sich Grundvertrauen und religiöser Glaube verhalten

Philosophen wie Karl Jaspers hat es gegeben, die von einem „philosophischen Glauben" sprechen, ohne aber klar zwischen Glauben und Grundvertrauen zu unterscheiden. Andere haben umgekehrt allzu rasch das Grundvertrauen als „Urvertrauen" theologisch-mystisch und manchmal auch polemisch-antiaufklärerisch aufgeladen.

Um der Klarheit willen schien es mir seit meinen Studienjahren wichtig, Grundvertrauen und Glauben im Sinne des religiösen Glaubens oder des Gottesglaubens zu unterscheiden. Ich wollte keinesfalls Menschen theologisch anders interpretieren, als sie sich selbst verstehen, wollte keineswegs etwa aus Atheisten oder Agnostikern verborgene, „implizite" oder, wie der Theologe Karl Rahner damals sagte, „anonyme Christen" machen. Dass auch Juden und Muslime diese Art theologischer Anonymisierung und christlicher Vereinnahmung nicht schätzen würden, war mir schon früh klar.

Dabei kann die Beziehung zwischen Grundvertrauen und Gottesglauben durchaus komplex sein: Man wird drei Gattungen von Menschen unterscheiden können:

– Es gibt Menschen, die haben ihr Grundvertrauen aus religiösem Glauben: Sie sind von daher in ihrem Leben zu außerordentlichem Einsatz, aber auch zum Erdulden und Durchhalten fähig.

– Es gibt aber auch Menschen, die haben religiösen Glauben, aber kein Grundvertrauen. Sie befinden sich in einer prekären Lage. Mit den Händen hängen sie sozusagen an den Wolken des Himmels und finden nicht richtig Grund auf dieser Erde. Weltfremdlinge sind sie, religiöse Schwärmer und Enthusiasten aller Art.

– Es gibt schließlich Menschen, die haben ein Grundvertrauen, ohne gleichzeitig einen religiösen Glauben zu besitzen. Lässt sich doch nicht bestreiten, dass sie, der Erde verbunden, unter Umständen das Leben genauso gut oder manchmal sogar besser als bestimmte Gläubige bestehen können. Aus diesem ihrem Grundvertrauen heraus können nämlich auch Atheisten oder Agnostiker – ich habe dies früher an den Beispielen Bertrand Russell, Ernst Bloch und Albert Camus deutlich gemacht – ein echt menschliches, also humanes und in diesem Sinn moralisches Leben führen. Mit anderen Worten: Aus Atheismus folgt nicht notwendig ein Nihilismus.

Nein, gerade aus dem Grundvertrauen erwacht die innerweltliche Autonomie des Menschen: seine Selbst-Gesetzgebung und Selbst-Verantwortung für seine Selbst-Verwirklichung und Welt-Gestaltung. Grundvertrauen also als Grundlage eines Grundethos, eines Lebensethos, global gesehen eines Weltethos.

Grundvertrauen als Basis des Ethos

Inzwischen hat die Globalisierung der Märkte, der Technologie und der Medien uns auch eine Globalisierung der Probleme, von den Finanzmärkten bis zu den Verbrechen und Drogen, verschafft. Die Globalisierung erfordert auch eine Globalisierung des Ethos: angesichts der Probleme von Weltpolitik und Weltwirtschaft ein Weltethos, das von den großen Religionen ebenso mitgetragen werden kann wie von den Nichtglaubenden, Humanisten, Säkularisten. Am besten lässt es sich im Kontext der gleichzeitig stattfindenden nach-modernen Individualisierung und Pluralisierung besprechen. Es liegt mir fern, diese Prozesse nur unter einem negativen Vorzeichen zu sehen. Sie haben uns viel an Freiheit geschenkt, haben freilich auch viel Orientierungslosigkeit verbreitet, so dass selbst der *Spiegel* die sehr seriöse Titelgeschichte seiner Weihnachtsnummer (1999) unter die Frage stellte „3000 Jahre nach Moses – 2000 Jahre nach Christus: Wo ist die Moral?".

Von psychologischer Seite wurde die Problematik des Ethos allzu oft nur unter der Rubrik des repressiven „Über-Ichs" und der neurotischen Erkrankung abgehandelt. Doch wird den Menschen auch nicht geholfen, wenn sie von theologischer Seite nur auf Gewissensfreiheit und subjektives Urteil gewiesen werden. Wenn es schon um die Grundbedürfnisse des Menschen geht, so wird man auch das menschliche Bedürfnis nach Bindung nicht vernachlässigen dürfen. Der Mensch hat nun einmal – bewusst oder unbewusst – ein elementares Bedürfnis nach grundlegender Bindung, nach einer Bindung an Sinn, Werte, Maßstäbe. Der beispiellose Fortschritt von Naturwissenschaften und Technik hat dieses Bedürfnis nach Sinn, Werten, Maßstäben nicht, wie vielfach erwartet, absterben lassen, sondern vielmehr – angesichts der wachsenden Probleme der Technologie vom Gen bis zum Atom – neu geweckt. Wir machen zunehmend die Erfahrung: Der Mensch wird heute mit allem Möglichen fertig, nur nicht mit sich selber.

Deshalb stellen denn auch immer mehr Menschen die Frage: Woher Orientierung bei der ständig neuen Verunsicherung durch eine Überfülle an Informationen über die verschiedensten und widersprüchlichsten Wert- und Normsysteme, Ideologien, Philosophien und Theologien, Weltanschauungen und Religionen, die alle den eigenen moralischen und religiösen Standpunkt radikal zu relativieren scheinen? Woher im drohenden Beliebigkeitspluralismus Lebenssinn und Lebenszweck? Woher gerade in der offenen (lernoffenen, zukunftsoffenen, wahrheitsoffenen) freiheitlich-demokratischen Gesellschaft mit ihrem freien geistigen und sozialen Kräftespiel jene minimale Übereinstimmung in Werten, Normen und Haltungen, die für ein menschenwürdiges Zusammenleben und auch das Funktionieren eines demokratischen Staates einfach notwendig ist? Wenn wir aber eine subjektivistische Willkür und einen Ordnungsnihilismus von schlechthin allem nicht gelten lassen: woher dann die Ziele, Prioritäten, Ideale, Modelle? Doch sicher nicht einfach ein immoralistisches Jenseits von Gut und Böse, Wahr und Falsch, das auch den Missbrauch von Kindern und Säuglingen, das Ermorden von Kindern durch Kinder, alles Lügen von Politikern und Betrügen von Managern, alle Gewaltverbrechen und sinnlosen Kriege tolerieren müsste: woher aber dann die entscheidenden Kriterien für Wahr und Falsch, Gut und Böse? Woher die letzte Orientierung und unbedingte Verpflichtung für alle die zahllosen unumgänglichen Sachentscheidungen des individuellen und des politischen Lebens?

Gewiss, wir können heute weniger denn je fixe Lösungen aus dem Himmel holen oder von einer unveränderlichen allgemeinen Wesensnatur des Menschen her deduzieren. Wir müssen heute mehr denn je für all die schwierigen Probleme und Konflikte „auf Erden" differenzierte Lösungen suchen und erarbeiten. Und so geht denn eine vernünftige Ethik heute nicht mehr einfach von einem tradierten und passiv rezipierten System ewiger, starrer, unwandelbarer Normen aus. Sie versucht vielmehr, bewusst von der konkreten, dynamischen, komplexen Wirklichkeit auszugehen. Aber gerade so setzt sie dies eine voraus: ein Ja zu dieser fraglichen Wirklichkeit: eine bei aller Kritik im einzelnen doch grundsätzlich vertrauende Grundeinstellung zu dieser Wirklichkeit von Mensch und Welt als der Grundlage für alles ethische Verhalten und Handeln des Menschen in dieser Wirklichkeit. Und nur wenn die Wirklichkeit von Mensch und Welt im Grundvertrauen angenommen wird, nur wenn das Menschsein von einer letzten Sinnhaftigkeit und Werthaftigkeit bestimmt ist, lassen sich in sinnvoller Weise einzelne Normen echt menschlichen Verhaltens und Handelns von den wesentlichen menschlichen Erfordernissen, Dringlichkeiten und Notwendigkeiten ablesen.

Unter Voraussetzung solcher vertrauensvollen Annahme

eines sinnvollen Menschseins kann ich die Frage beantworten: was ist die Grundnorm einer autonomen menschlichen Sittlichkeit? Zuerst negativ beantwortet: Gut ist gewiss nicht einfach das, was schon immer und überall galt: Weder Traditionalität noch Universalität sind aus sich allein verbindliche Norm für den Menschen. Das „gute Alte" erwies sich oft als menschenfeindlich. Gut ist aber auch nicht einfach das, was Neues und Besonderes bringt. Weder Novität noch Originalität sind aus sich allein verbindliche Norm für den Menschen. Das „angepriesene Neue" erwies sich oft als ebensowenig menschenfreundlich. Jetzt positiv ausgedrückt, wenn ich es ganz allgemein für Glaubende und Nichtglaubende beantworten soll: Gut ist für den Menschen, was (ob alt oder neu, ob weitverbreitet oder nicht) ihm *hilft, wahrhaft Mensch zu werden*. Autonome Grundnorm ist: Der Mensch soll Mensch sein!

Ist das tautologisch? Nein. Das ist keineswegs tautologisch: Der Mensch soll sein Menschsein verwirklichen! Der Mensch soll menschlich leben, wahrhaft menschlich, human! Und nicht unmenschlich, inhuman, unsozial, gar bestialisch, entmenschlicht! Und jeder Mensch weiß, wann er unmenschlich behandelt wurde oder wird. Es geht um ein selbstverantwortliches und mitverantwortliches Leben. Sittlich gut ist also, was menschliches Leben in seiner individuellen wie sozialen Dimension auf die Dauer gelingen, glücken lässt. Sittlich gut ist, was eine optimale Entfaltung des Menschen in allen seinen Schichten und Dimensionen ermöglicht. Das heißt: Der Mensch soll seine Menschlichkeit in allen ihren Schichten (auch in seiner Trieb- und Gefühlsschicht) und Dimensionen (auch in seiner Gesellschafts- und Naturbezogenheit) leben.

Humanistisches Ethos und Ethos der Religionen

Und nun das Entscheidende: Genau an diesem Punkt einer elementaren Menschlichkeit treffen sich humanistisches Ethos und Ethos der Weltreligionen. Das demonstriert die „Erklärung zum Weltethos" des Parlaments der Weltreligionen vom 4. September 1993 in Chicago, die auszuarbeiten ich die Ehre und die Last hatte. Da kann man lesen: „Angesichts aller Unmenschlichkeit fordern unsere religiösen und ethischen Überzeugungen: *Jeder Mensch muss menschlich behandelt werden.* Das heißt: Jeder Mensch – ohne Unterschied von Alter, Geschlecht, Rasse, Hautfarbe, körperlicher oder geistiger Fähigkeit, Sprache, Religion, politischer Anschauung, nationaler oder sozialer Herkunft – besitzt eine unveräußerliche und unantastbare Würde. Alle, der Einzelne wie der Staat, sind deshalb verpflichtet, diese Würde zu achten und ihm wirksamen Schutz zu garantieren."

Diese Grundforderung wird dann sofort konkretisiert durch die Goldene Regel, die sich in allen großen religiösen und ethischen Traditionen der Menschheit findet und die eine sozusagen säkulare Gestalt auch im kategorischen Imperativ von Immanuel Kant gefunden hat: „Was du nicht willst, das man dir tut, das füg auch keinem anderen zu." – Eine Regel, die – wie gerade Bundespräsident Roman Herzog immer wieder betonte – nicht nur zwischen Individuen, sondern auch zwischen gesellschaftlichen und ethnischen Gruppen, Nationen und Religionen gelten soll. Oder wie es der „englische Hippokrates" Thomas Sydenham schon im 17. Jahrhundert sehr schön auch für Psychotherapeuten formuliert hat: „Niemand ist anders von mir behandelt worden, als ich behandelt sein möchte, wenn ich dieselbe Krankheit bekäme."

Diese humane Grundforderung wird in der Weltethos-Erklärung in vier unverrückbaren Weisungen konkretisiert:

– Die Verantwortung für eine Kultur der Gewaltlosigkeit und der Ehrfurcht vor allem Leben: Hab Ehrfurcht vor dem Leben! Die uralte Weisung, in Zeiten der Morde von Kindern an Kindern aktueller denn je: „Du sollst nicht töten!"

– Die Verantwortung für eine Kultur der Solidarität und eine gerechte Wirtschaftsordnung: Handle gerecht und fair! Die uralte Weisung, in Zciten der Globalisierung zeitgemäß auch für Manager und Banken: „Du sollst nicht stehlen!"

– Die Verantwortung für eine Kultur der Toleranz und ein Leben in Wahrhaftigkeit: Rede und handle wahrhaftig! Die uralte Weisung, in Zeiten unserer politischen Skandale hochdringlich: „Du sollst nicht lügen!"

– Verantwortung für eine Kultur der Gleichberechtigung und die Partnerschaft von Mann und Frau: Achtet und liebet einander! Die uralte Formulierung, in einer Epoche totaler Enttabuisierung besonders bedeutsam: „Du sollst nicht Unzucht treiben, die Sexualität nicht missbrauchen!"

Aber das alles ist in der Erklärung zum Weltethos breit ausgeführt. (Weiteres dazu ist unter der Internetadresse www.weltethos.org zu finden.)

Denen, welche die Devise unserer Erlebnisgesellschaft „Hauptsache, ich bin glücklich!" zu ihrer Lebensmaxime machen, muss jedenfalls deutlich gesagt werden: Nicht der Lebensgenuss, sondern ein Lebensethos, ob religiös begründet oder rein human, führt zu Lebenssinn und Lebenszufriedenheit. Im Rückblick auf mein eigenes Leben kann ich eine neuere soziologische Untersuchung nur bestätigen, der zufolge ethisch orientierte Menschen zu einem sehr viel beglückenderen Lebensresümee kommen als die Lebensgenießer, deren hedonistische Erwartung nur allzu oft enttäuscht wird. Lebensgenuss und wirklicher Lebenssinn sind jedenfalls zweierlei, denn auch der Lebensgenießer wird früher oder später in Situationen geraten, wo der „Spaß" aufhört, aller Genuss zu Ende ist und Sinn in Unsinn umzuschlagen droht. Das aber heißt:

Die radikale Fraglichkeit der Wirklichkeit bleibt

Durch mein Grundvertrauen, das war meine frühe Erfahrung, kann ich in der fraglichen Wirklichkeit der Welt und meiner selbst einen Boden unter die Füße bekommen, einen Standpunkt gewinnen, mich selber und die Welt annehmen und zu einer Grundgewissheit kommen. Aber: ist durch mein Grundvertrauen die Fraglichkeit der Wirklichkeit einfach beseitigt? Unsere Welt ist nun einmal nicht heil, sondern vielfach in Agonie. Meine Gesundheit, wenngleich robust, ist stets gefährdet; meine berufliche Karriere gegen ein Fiasko nie völlig gefeit. Erlebnisse, in unserer Erlebnisgesellschaft zum Sinn des Lebens gemacht, lassen sich nur bedingt planen, und menschliche Beziehungen auf Dauer erst recht nicht. Es eignet allem Menschlichen eine bestimmte Gebrechlichkeit, Endlichkeit, Fraglichkeit, ja eine immer wieder drohende Sinnlosigkeit. Woraus folgt: Die einmal von mir getroffene Entscheidung zum Grundvertrauen ist mir in immer wieder wechselnden Situationen immer wieder neu abgefordert.

Nun geben sich heutzutage gewiss viele Menschen mit dem „kleinen Sinn" im Leben zufrieden – warum nicht? Sie nehmen eines der vielen Sinnangebote an, die es in allen möglichen Teilbereichen des Menschenlebens gibt: in der Arbeit, in der Freizeit, in der Partnerschaft, in der Liebe oder in der Kultur, der Kunst, der Musik, in der Therapie und in der psychologischen Lebenshilfe ... Nichts dagegen.

Aber es bleibt – auch wenn oft überspielt, verdrängt, ertränkt oder „ruhig gestellt" – die von allen partiellen Sinnerfahrungen her nicht abgegoltene Frage nach dem Sinn des Ganzen: des Ganzen unseres Lebens und Sterbens, des Ganzen unserer Welt. Die Frage nach dem „großen Sinn"! Ich habe es vor zwanzig Jahren in einer psychisch und physisch erschöpfenden öffentlichen Auseinandersetzung erlebt: Es gibt ja nun einmal Momente in unserem Leben, wo uns die schönste Vergangenheit endgültig vergangen erscheint, die Gegenwart aber höchst vergänglich und die Zukunft völlig unzugänglich. Wie soll ich da im Blick auf die Vergangenheit Dankbarkeit empfinden? Wie im Blick auf die Gegenwart Geduld aufbringen: mit mir selbst, den Mitmenschen, dem Gang der Dinge? Wie Hoffnung haben im Blick auf die Zukunft, wenn ich keine Ahnung habe, wohin ich gehe? Ja, wie soll ich dieses Leben als Ganzes bejahen, wenn es von Belanglosigkeit und Aussichtslosigkeit bedroht ist? Gerade die Literatur der Moderne von Charles Baudelaire bis Thomas Bernhard hat die Macht des Negativen, der Leere, des Zerfalls, der Verfinsterung, des Untergangs immer wieder neu zur Sprache gebracht.

Dies alles heißt: Mein Grundvertrauen ist nur dann letztlich begründet, wenn die Wirklichkeit selbst, zu der ich als Mensch gehöre, nicht grundlos, nicht haltlos ist, nicht ziellos bleibt. Die fragliche Wirklichkeit, die sich dem Vertrauenden durchaus in ihrer grundlegenden Identität, Sinnhaftigkeit und Werthaftigkeit zu zeigen vermag, erscheint so doch nur faktisch, letztlich aber nicht begründet. Immer wieder neu können Menschen deshalb – und dies nicht nur in Grenzsituationen – die Fragen aufwerfen: Hat das Ganze Bestand? Ist die Wirklichkeit nicht bodenlos, hängt sie nicht gleichsam in der Luft? Ein „Lauf der Dinge" ohne Grund, Halt und Ziel?

Wir kommen um die zwingende Schlussfolgerung nicht herum: Die fragliche Wirklichkeit von Welt und Mensch begründet zwar Vertrauen, insofern ihr Sein wirklich ist; davon nehme ich nichts zurück. Aber gleichzeitig gilt: Die Wirklichkeit selber erscheint unbegründet, insofern ihr Sein fraglich bleibt, oft mehr Schein als Sein. – So erscheint denn die Wirklichkeit von Welt und Mensch als Rätsel: gründend, aber aus sich selbst grundlos; tragend, aber in sich selbst haltlos; wegweisend, aber für sich selbst ziellos.

Die fragliche Wirklichkeit von Welt und Mensch erscheint als reine Faktizität, die nach Erklärung ruft: Das rätselhafte Faktum, dass ich da bin, Dinge, Menschen da sind, dass die Welt da ist, dass überhaupt etwas ist, das ist das Grundrätsel der Wirklichkeit und – so schon Leibniz – die Grundfrage aller Philosophie. Gibt es also keine Lösung dieses Grundrätsels der Wirklichkeit, welches sich für den Menschen als ständig verborgen präsent und in heiklen Situationen des Lebens als gefährlich virulent erweist?

P.S. des Herausgebers: Unterdessen hat Hans Küng das hier knapp Dargestellte im breiten Kontext seiner Lebenserfahrung dargelegt (H. Küng, Erkämpfte Freiheit, München 2002).

III. Mozart – Spuren der Transzendenz

Das Geheimnis

„Große Musik ist immer mehrdeutig", konnte man kürzlich in einer Einführung in Mozarts Instrumentalmusik lesen. Ja – und nein! Kakophonie, Beliebigkeit, totales Chaos zum Beispiel kann man bei Mozart nun wirklich bei aller Mehrdimensionalität nicht finden. Wohl jedoch – bei aller Dynamik, Ausdruckskraft, Farbigkeit und Variabilität – eine, bis in die auch noch im Todesmonat äußerst beherrschte und klare Handschrift der Partituren hinein, geheimnisvolle Ordnung. Mag diese Musik heute in historisierender oder in traditionell-moderner Aufführungspraxis zu Gehör gebracht werden: Es ist eine Ordnung der Töne und Klänge aus einem „Formensinn", den man schon früh als fast außermenschlich bezeichnet hatte. Wolfgang Hildesheimer wie Karl Barth sprechen von Mozarts „Geheimnis", das sich einer letzten Durchschaubarkeit und rationaler Ergründung entziehe. Liegt es vielleicht nur im Emotionalen oder liegt es tiefer?

Dem Geheimnis von Mozarts Musik, scheint mir, hat sich Karl Barth weiter angenähert als viele andere. Denn geht man davon aus, dass der reale Mozart, als Wunderkind nie wirklich Kind war und als Erwachsener in mancher Hinsicht kindlich blieb; in seinem Leben durchaus die ausgelassene Fröhlichkeit kannte, obwohl die Härte des Überlebenskampfes ihm letztlich nicht viel zu lachen ließ; seit Paris zunehmend aufgeklärt-kritisch war, wiewohl er kaum Glaubenszweifel zeigte und auch nach seinem Pariser Aufenthalt unmittelbar vor der Revolution weder Atheist noch Agnostiker war; geht man also davon aus, dass dieser Mozart keine göttliche, aber auch keine dämonische, sondern eine in jeder Beziehung humane Musik schrieb, dann, ja dann liegt das *Geheimnis* dieser Musik eben gerade darin, dass sie stets beides zugleich hörbar macht: das Helle und das Dunkle,

Freude und Schmerz, Leben und Tod. Beides freilich nicht einfach neutral gleichgewichtig nebeneinander und durcheinander, sondern das Dunkle immer wieder im Hellen aufgehoben!

Hier dürfte nach meiner Überzeugung Barth einen entscheidenden Punkt getroffen haben: Mozart „musizierte das wirkliche Leben in seiner Zwiespältigkeit, aber ihr zum Trotz auf dem Hintergrund der guten Schöpfung Gottes und darum allerdings (das meint wohl die Rede von seiner siegreichen ‚Anmut') in steter Wendung von links nach rechts und nie umgekehrt", wobei „links" und „rechts", wohlgemerkt, nicht politisch gemeint sind. Oder weniger missverständlich gesagt. „Eine Wendung, in deren Kraft das Licht steigt und der Schatten, ohne zu verschwinden, fällt, die Freude das Leid, ohne es auszulöschen, überholt, das Ja stärker als das immer noch vorhandene Nein zum Klingen kommt." Es würde der Mensch, meint Barth, wann immer er Mozarts Musik höre, „an die Schwelle einer bei Sonnenschein und Gewitter, am Tag und bei Nacht guten, geordneten Welt versetzt und (sich) dann als Mensch des 20. Jahrhunderts jedes Mal mit Mut (nicht Hochmut!), mit Tempo (keinem übertriebenen Tempo!), mit Reinheit (keiner langweiligen Reinheit!), mit Frieden (keinem faulen Frieden!) beschenkt finden", ja, mit Mozarts „musikalischer Dialektik im Ohr" könne man „jung sein und alt werden, arbeiten und ausruhen, vergnügt und traurig sein, kurz: leben". Das ist das Entscheidende: In Barths Mozart-Interpretation hört man wie bei Mozart selbst „den positiven (Ton) stärker als den negativen".

Alles nur theologische Beschönigung? Kaum, denn so haben Mozart auch andere gehört. Gewiss: so *muss* man ihn nicht hören und so wird man ihn nicht hören, wenn man selber in seiner eigenen Tiefe ganz anders gestimmt ist. Geistigen Irr- und Wirrköpfen kann selbst Mozarts Musik kaum Harmonie und Schönheit vermitteln, und einen Hypochonder nicht zum Lächeln bringen, wiewohl der lachende Mozart am Ende sogar Hermann Hesses „Steppenwolf" Rettung versprach. Ja, im „Steppenwolf" ist sogar von einer oft verschütteten „goldenen göttlichen Spur" die Rede, einer „Gottesspur" in diesem töricht-absurden Menschenleben. Und dies führt mich zu einer weiteren Frage. Geht es bei Mozarts Musik nur um so etwas wie eine Seins- oder Schöpfungsfrömmigkeit oder geht es um mehr? Ist das Geheimnis vielleicht noch tiefer begründet?

Glückseligkeit

Manche Mozart-Interpreten können es bis heute nicht verstehen, wie Mozart nach dem Tod seiner Mutter und dem seines Vaters relativ rasch zur Tagesordnung, zu weiteren Kompositionen, übergehen konnte. Ist das einfach nur Leichtlebigkeit, nur Termindruck, nur Musikbesessenheit? Oder gar Ausdruck eines „Fatalismus" (Wolfgang Hildesheimer)? Aber war Mozart wirklich ein *Fatalist?* Und manifestieren seine letzten drei großen Symphonien zum ersten Mal in der Musikgeschichte „a critical world view", Ausdruck gar eines an der Moderne kranken Künstlers?

Hier muss ich auf eine Wirklichkeit eingehen, die nach Auffassung Mozarts weder der Thomas-Kantor noch erst recht Voltaire verstanden hatte: eben das *Katholische.* Das Katholische hier nicht verstanden als „Katholizismus", als Institution, sondern das Katholische als durchaus nicht unevangelische aufgeklärte Katholizität, wurzelnd in einem vertrauensvollen Festhalten an Gott selber. „Ich bitte Dich, halte Dich an Gott, der muss es thun", so hatte seinem einundzwanzigjährigen Sohn der Vater Leopold geschrieben. Hier drückt sich eine für Katholiken aus vielhundertjähriger Tradition herkommende, sozusagen selbstverständliche religiöse Überzeugung aus, ein Glauben an Gott, seine Vorsehung und das ewige Leben, die bei Mozart eben nicht stets neu errungen werden muss, ja, die sogar gegen moderne Religionskritik relativ gefeit, freilich auch mit Religionsspott über Klerus und Kirche und schließlich auch mit humanistischen maurerischen Idealen durchaus vereinbar ist. Alles in allem jenseits von Optimismus und Pessimismus eine gut katholische – und ich zitiere jetzt den Hebräerbrief – „Zuversicht auf das, was man hofft, eine Überzeugung von Dingen, die man nicht sieht", eine Glaubensumschreibung, die heutzutage gewiss von ökumenisch gesinnten Katholiken und Evangelischen gleichermaßen bejaht wird.

Von daher erklärt sich eben, dass Mozart, der weder ein apollinischer Götterliebling noch ein trister Melancholiker war, sich um die Frage nach dem *„Sinn des Lebens"*, der „Aufgabe des Menschen auf der Erde" – zumindest in den uns zugänglichen Quellen – kaum Gedanken gemacht hat. Ausdruck einer religiösen Gleichgültigkeit? Gerade nicht! Eher Ausdruck dessen, was jedem Salzburger Kind sozusagen selbstverständlich mitgegeben war, Ausdruck einer katholischen Gläubigkeit, die dem jungen Mozart vor allem von seinem tiefgläubigen und zugleich kritischen Vater vermittelt worden war.

Von daher kann man auch verstehen (und historisch ließe sich das Gesagte noch näher begründen): Es ist ein tiefbegründeter Gottesglaube und kein unreligiöser Fatalismus, wenn Mozart bei Todesfällen selbst von Mutter und Vater, die für ihn eben nicht Schicksalsschläge und niederschmetternde Lebenszäsuren, sondern Fügung waren, scheinbar nur oberflächlich berührt, feststellte: Gott hat es so geschehen lassen. Gewiss hat Mozart „mein Gott", „o Gott" allzu oft – wie bis heute leider überall üblich – nur als unbedachte Floskel gebraucht, und an einer Definition des Gottesbegriffes war ihm so wenig gelegen wie an einer Definition der Liebe. Aber warum sollte es ihm nicht ernst gewesen sein, als er nach dem Tod der Mutter 1778 (3. Juli) an den Vater schrieb, er habe sich „getröstet" durch seine „gänzliche vertrauensvolle Ergebung in den Willen Gottes"?

Und warum sollte es ihm nicht ernst gewesen sein, als er 1787 (4. April), nur vier Jahre vor seinem eigenen Sterben, in einem Brief an den todkranken Vater bekennt: „... – ich lege mich nie zu Bette ohne zu bedenken, dass ich vielleicht, so jung als ich bin, den andern Tag nicht mehr sein werde – und es wird doch kein Mensch von allen, die mich kennen, sagen können, dass ich im Umgange mürrisch oder traurig wäre. Und für diese Glückseligkeit danke ich alle Tage meinem Schöpfer und wünsche sie von Herzen jedem meiner Mitmenschen."

Wie sehr Mozart untergründig von diesem seinem katholischen Glauben lebte, kommt gerade in jenem Bericht über ein Gespräch mit dem Leipziger Thomas-Kantor J. F. Doles, einem Schüler Johann Sebastian Bachs, zum Ausdruck, geführt 1789, zwei Jahre vor Mozarts Tod: „Ihr fühlt gar nicht, was das will: Agnus Dei, qui tollis peccata mundi, dona nobis pacem, u. dgl." – soll Mozart den „aufgeklärten Protestanten" vorgehalten haben, und kommt jetzt auf seine religiöse Erfahrung zu sprechen: „Aber wenn man von frühester Kindheit, wie ich in das mystische Heiligthum unsrer Religion eingeführt ist; wenn man da, als man noch nicht wusste, wo man mit seinen dunkeln, aber drängenden Gefühlen hinsolle, in voller Inbrunst des Herzens seinen Gottesdienst abwartete, ohne eigentlich zu wissen was man wollte; und leichter und erhoben daraus wegging, ohne eigentlich zu wissen was man gehabt habe; wenn man die glücklich pries, die unter dem rührenden Agnus Dei hinknieten und das Abendmal empfingen, und beim Empfang die Musik in sanfter Freude aus dem Herzen der Knieenden sprach: Benedictus qui venit etc. dann ist's anders."

Dies Mozarts Jugenderfahrung. Und jetzt? „Nun ja, das gehet freilich dann durch das Leben in der Welt verloren: aber – wenigstens ist's mir so – wenn man nun die tausendmal gehörten Worte nochmals vornimmt, sie in Musik zu setzen, so kommt das alles wieder, und steht vor Einem, und bewegt Einem die Seele." Das „mystische Heiligtum unserer Religion", das „kommt das alles wieder", die Bewegung der „Seele" – redet so einer, der bei der Kirchenmusik nicht „bei der Sache" war, ein „Nicht-Involvierter" ohne „schöpferischen Ausdruck eines Glaubensbekenntnisses"?

Natürlich kann der Skeptiker die Frage aufwerfen, ob Mozart solches beinahe selbstverständliche Vertrauen auf seinen Gott und Schöpfer auch noch in den letzten beiden Monaten seines Lebens durchgehalten habe. Biographen sprechen nicht zu Unrecht von einem Dunkel über Mozarts letzten Monaten, das sich wohl kaum noch aufklären lasse, andere allerdings meinen vom schaffensreichsten und im ganzen wohl einem erfolgreichen und glücklichen Jahr sprechen zu dürfen. Alles spricht dafür, dass Mozart im Herbst 1791 voll Hoffnung auf Erfolg sein durfte, auch wenn die Krise der vorangegangenen Jahre durch seinen unerwarteten Tod eine fatale Folgerichtigkeit bekam. Ein an Menschen und Gott Verzweifelter, der „aufgegeben" hat, der hätte nicht bis in seine allerletzten Tage hinein unermüdlich gearbeitet; der hätte in diesem seinem Todesjahr 1791 nicht neben Menuetten, Deutschen Tänzen, Ländlern und Contretänzen zugleich die umjubelte „Zauberflöte" und die Krönungsoper „La clemenza di Tito", der hätte nicht das „Ave verum", die „Kleine Freimaurerkantate", das B-Dur-Klavierkonzert, das vielleicht sanfteste seiner Konzerte, und das Klarinettenkonzert komponieren können; der hätte nicht sein allerletztes und unvollendetes Werk, sein Requiem, noch am Abend vor seinem unerwarteten Tod an seinem Krankenbett proben lassen.

Nein, es war keine spekulative Selbstbeschwichtigung, wenn Wolfgang Amadeus Mozart im selben Brief an seinen Vater schrieb: „Da der Tod – genau zu nehmen – der wahre Endzweck unseres Lebens ist, so habe ich mich seit ein paar Jahren mit diesem wahren, besten Freunde des Menschen so bekannt gemacht, dass sein Bild nicht allein nichts Schreckendes mehr für mich hat, sondern recht viel Beruhigendes und Tröstendes! Und ich danke meinem Gott, dass er mir das Glück gegönnt hat, mir die Gelegenheit – Sie verstehen mich – zu verschaffen, ihn als den *Schlüssel* zu unserer wahren Glückseligkeit kennen zu lernen."

Hier also haben wir die Begründung für den Satz. „Für diese Glückseligkeit danke ich alle Tage meinem Schöpfer und wünsche sie von Herzen jedem meiner Mitmenschen."

Und ich gestehe dankbar, dass schon das eine Klarinetten-konzert KV 622, dieses letzte, exakt zwei Monate vor sei-nem Tod vollendete Orchesterwerk Mozarts von unüber-bietbarer Schönheit, Intensität und Verinnerlichung, aller düsteren und resignativen Züge bar, einen Doktoranden der Theologie vor fünfunddreißig Jahren, in einem Pariser Dach-zimmer, wo es nur ein Dutzend Platten gab, fast täglich neu erfreut, gestärkt, getröstet, kurz, ein kleines Stück Glück-seligkeit vermittelt hat. Und jeder, jede von Ihnen dürfte beim Hören von Mozarts Musik solche kleinen Augenblicke der „Glückseligkeit" irgendwann einmal empfunden haben. Womit ich bei meinem persönlichen Bekenntnis zu Mozart angekommen bin.

Spuren der Transzendenz

Nicht Mozarts bloße Existenz oder Person, wohl aber sein Werk vermag vor Sinnlosigkeit und Verzweiflung zu bewah-ren. Natürlich kann man auch Mozarts Musik sehr verschie-den hören: als Musikbanause, Musikliebhaber oder Musik-wissenschaftler; mit Hilfe eines Klangmediums oder ganz direkt im Konzertsaal; mit der Partitur in der Hand oder gleichsam mit der Hand auf dem Herzen ganz Ohr; peinlich auf philologische Noten- und Werktreue achtend oder emo-tional hineingerissen in die wunderbare, hinter den Noten verborgene Klangwelt. Letztlich dürfte es darauf ankom-men, ob ich mich, studierend oder auskostend, dieser Musik ganz öffne, sie ganz in mich einlasse, mich ganz auf sie ein-lasse.

Tut man dies, so kann man erfahren, dass gerade Mozarts Musik die hohe *Kunst des Transzendierens* ist, verstanden – zunächst musikwissenschaftlich – als Kunst des Formulie-rens, Variierens, Überleitens. Man kann in der Tat auch als Laie davon fasziniert sein, wie bei Mozart sämtliche Musik-gattungen gestaltet und zugleich ihre Grenzen überschritten werden; – wie da Stile wechseln und ineinandergehen; – wie da eine unnachahmliche Balance zwischen den Gegensätzen erreicht wird und damit unzählige überraschende Übergänge ermöglicht werden, die den Reiz der Ungewissheit des Woher-Wohin haben; – wie insbesondere das Adagio als Mittelsatz zwischen den dramatischen und getanzten Ecksätzen eine neuartige Seelensprache oft meditativen Charakters spricht: das neue Espressivo der Humanitätsmelodie und der Arien ohne Worte, die oft geradezu den Charakter der Versenkung, der vergeistigten Liebe, der Meditation und des Gebetes annehmen.

Und hat dieses Transzendieren musikalischer Kategorien, Gattungsgrenzen und Modi in differenziertester Seelenkunst mit der *Transzendenz im eigentlichen Sinn* etwas zu tun? Durchaus. Das wird in der so gar nicht sentimentalen, starken und bewegenden Musica Sacra Mozarts natürlich am handgreiflichsten: etwa dort, wo Mozart, der Musikdramatiker par excellence, vom „passus et sepultus" zu „resurrexit" und „ascendit" komponiert und transzendiert. Alles wie in der Oper? Gerade nicht. „Lässt sich all gut hören", sagt Mozart von der Missa eines damals bekannten Opernkomponisten, „nur nicht in der Kirche", und legt besagter Missa zum Beweis flugs bis zum Credo einen weltlich-possierlichen Text unter (etwa statt des „Kyrie eleison": „Hol's der Geyer, das geht flink!").

Doch Musik ist nicht fertig, wenn sie fertiggeschrieben ist, nicht einmal wenn sie aufgeführt wird. Denn auch der Hörer wirkt an ihr in einem jeweils neuen Kontext mit. Und wenn ich so vom Kompositionsvorgang zum Rezeptionsvorgang zurückkomme, so rede ich nicht von dem, was Mozarts Genie bewusst in Musik gesetzt haben muss, sondern was die Musik dieses Genies – und jedes Genie ist Gabe, besser: Gnade – ihrerseits uns zu schenken vermag.

Niemand hat hier ein Interpretationsmonopol, der Theologe zuallerletzt, der sich ja von vornehrein hüten muss, die Kunst religiös zu vereinnahmen. Und doch werden auch Musikfachleute nicht widersprechen, dass auch der religiös orientierte Hörer ein Recht auf persönliche Erfahrungen mit der Musik dieses durchaus nicht unreligiösen Musikers hat, bei der sich Geist und Form decken und die vielleicht etwas zu sagen vermag, was nicht in Worten, sondern nur in Tönen sagbar ist. Es ist diese eine Erfahrung, die mich immer wieder zu dieser Musik zieht: Wenn ich ohne Störung von außen, zu Hause allein oder auch mal im Konzert, ganz und gar intensiv Mozarts Musik aufzunehmen versuche, die Augen vielleicht geschlossen, dann spüre ich plötzlich, wie sehr ich vom Gegenüber des Klangkörpers losgekommen bin, nur noch den gestalteten Ton höre, Musik und sonst nichts. Es ist die Musik, die einen jetzt ganz umfängt, durchdringt und plötzlich von innen her klingt. Was ist geschehen? Ich spüre, dass ich gänzlich, mit Augen und Ohren, Leib und Geist nach innen gewendet bin: das Ich schweigt, und alles Äußere, alle Entgegensetzung, alle Subjekt-Objekt-Spaltung ist für einen Augenblick überwunden. Die Musik ist nicht mehr ein Gegenüber, sondern ist das Umfangende, Durchdringende, von innen her Beglückende, mich ganz Erfüllende. Mir drängt der Satz sich auf: „In ihr leben wir, bewegen wir uns und sind wir."

Doch dies ist bekanntlich ein Wort der Schrift aus der Rede des Apostels Paulus auf dem Areopag zu Athen, wo Paulus vom Suchen, Ertasten und Finden *Gottes* spricht, der keinem von uns fern ist, in dem wir leben, uns bewegen und sind. Und nicht nur der Agnostiker Hildesheimer, der jegliche Offenbarung ablehnt, hätte es gewagt gefunden, dieses Wort um Gottes Offenbarung auf die *Musik* anzuwenden, sondern auch der Dogmatiker Barth, der die Offenbarung ganz auf das Wort der Bibel beschränkt haben wollte und der erst gegen Ende seines Lebens (im letzten Band seiner unvollendeten „Kirchlichen Dogmatik") neben dem einen Wort und Licht Jesus Christus auch andere Lichter, Worte und Wahrheiten in der Geschöpfeswelt anzuerkennen bereit war – freilich, wie er meint, nur sozusagen als Rücklichter jenes einen Lichtes, als Reflexe jener einen Wahrheit und Offenbarung … Von Musik und auch von Mozart darf bei Barth in diesem Zusammenhang nicht mehr die Rede sein.

Phantasiere ich also oder spekuliere ich? Nein. „Wenn ich große Musik höre", gestand in einer Diskussion über Offenbarung und autonome Vernunft der Musiktheoretiker Theodor W. Adorno, welcher der traditionellen Religion bekanntlich mehr als reserviert gegenüber stand, „dann glaube ich zu wissen, dass das, was diese Musik sagt, nicht die Unwahrheit sein kann." Adorno zitiert als Beispiel Bachs Matthäus-Passion; er hätte dafür ebenso Mozarts Requiem zitieren können. Musik also, welche die Wahrheit sagt: Ich meine, dass dies nicht etwa nur für die Vokalmusik und die ausgesprochen religiöse Musik, nein, dass das auch schon für reine Instrumentalmusik – und besonders für die Intimität vieler zweiter Sätze – gelten kann: dass ein zweckfreies Meisterwerk in reiner Klangrede Wahrheit kündet. Ja, Töne, Klänge können sprechen und sagen letztlich doch etwas Unaussprechliches, Unsagbares: inmitten der Musik ein „ineffabile mysterium".

Wahrhaftig, wie keine andere Musik so scheint mir Mozarts Musik in ihrer sinnlich-unsinnlichen Schönheit, Kraft und Durchsichtigkeit zu zeigen, wie ganz fein und dünn die Grenze ist zwischen der Musik, der ungegenständlichsten aller Künste, und der Religion, die es schon immer besonders mit der Musik zu tun hatte. Denn: Beide, wenngleich verschieden, weisen ins letztlich Unsagbare, ins Geheimnis. Und wenngleich Musik nicht zur Kunstreligion werden darf, so ist doch die Kunst der Musik das geistigste aller Symbole für jenes „mystische Heiligtum unserer Religion", das Göttliche selbst. Anders gesagt: Mozarts Musik ist für mich nicht bloß dort religiös relevant, wo religiös-kirchliche Themen oder Formen vertont sind, sondern gerade durch die Kompositionstechnik der nonvokalen, rein instrumentellen Musik, durch die Weltdeutung seiner Musik, welche die außermusikalische Begrifflichkeit übersteigt.

Mozarts Musik ist gewiss kein Gottesbeweis. Aber ein Beweis für Nihilismus? Davon, nein davon kann erst recht keine Rede sein. Im Gegenteil, es gibt ungezählte Menschen, die es bestätigen: In bestimmten Momenten des Mitvollzugs mag es dem sensiblen, hörbereiten Menschen, einsam und doch nicht, geschenkt sein, sich in jenem vernünftig-übervernünftigen Vertrauen zu öffnen, von dem ich gesprochen habe: um feinhörig in dem reinen, ganz verinnerlichten und uns doch umfangenden wortlosen Klang etwa des Adagios des Klarinettenkonzerts in uns noch ein ganz Anderes zu vernehmen: den Klang des Schönen in seiner Unendlichkeit, ja den Klang des einen Unendlichen, das uns übersteigt und für das „schön" kein Wort ist. Chiffren also. *Spuren der Transzendenz!* Man muss sie nicht, man kann sie wahrnehmen, hier gibt es keinen Zwang: Öffne ich mich, so kann ich gerade in diesem wortlos sprechenden Geschehen der Musik von einem unaussprechlich-unsagbaren Geheimnis angerührt werden, kann in diesem überwältigenden, befreienden, beglückenden Erleben der Musik die Anwesenheit einer tiefsten Tiefe oder höchsten Höhe selbst erspüren, erfühlen und erfahren. Reine Gegenwart, stille Freude, Glückseligkeit. Die religiöse Sprache braucht, um solche Erfahrung und Offenbarwerdung der Transzendenz zu umschreiben, noch immer das Wort Gott, dessen Wesen (Nikolaus von Kues zufolge) gerade jene – auch für Mozarts Musik charakteristische – Coincidentia oppositorum ausmacht: die Versöhnung aller Gegensätzlichkeiten.

Aber ich will hier einhalten und niemandem etwas aufdrängen. Ging es mir doch von vorneherein nicht um eine religiöse Vereinnahmung dieser großen Musik, sondern um meine Erfahrungen *mit* dieser Musik, die natürlich geprägt sind von meiner eigenen Lebens- und Glaubensgeschichte. Und doch könnte man fragen: Bin ich so nun schließlich und endlich doch zum Schwärmer geworden, zum Mozart-Schwärmer oder gar, schlimmer, zum religiösen Schwärmer? Nein, mit Entrückung, Verrückung oder Verzückung hat dies alles nichts zu tun, nicht bei Mozart, auch nicht bei mir. Und selbst Bernard Shaw, der alte Spötter, nannte Mozarts Musik „the only music yet written that would not sound out of place in the mouth of God": „die einzige Musik, bisher geschrieben, die nicht deplaziert klingen würde im Munde Gottes".

Als aufgeklärter Mensch zu Beginn des 21. Jahrhunderts verliere ich also gerade beim Hören der Mozartschen Musik nicht etwa plötzlich alle Vernunft, werde vielmehr gerade zur Vernunft gebracht. Ja, hin und wieder werde ich – und dafür kann ich Wolfgang Amadeus Mozart nie genug dankbar sein, und ich möchte es deshalb auch Ihnen allen wünschen – in jenen Frieden versetzt, der alle kritische und auch theologische Vernunft übersteigt.

B.
Vertrauen gestalten

I. Wahrhaftigkeit als Forderung der Botschaft Jesu

Was Jesus wollte

Was wollte *Jesus?* Jesus verkündete die Gottesherrschaft, die nahe herbeigekommen ist, ja bereits hereinbricht. Der Mensch soll sich radikal für Gott und seine Herrschaft entscheiden, er soll kompromisslos Gottes Willen in umfassender Liebe erfüllen, soll, indem er ganz für Gott da ist, ganz für die Menschen da sein. Im radikalen Engagement für Gott das radikale Engagement für den Mitmenschen! Das ist die große Botschaft Jesu, und sie sollte ihm rasch zahlreiche Feinde verschaffen. Denn sie war gerade durch ihre positive Forderung eines wahrhaftigen Menschseins vor Gott ein leidenschaftlicher Protest gegen des Menschen Unwahrhaftigkeit: ein Protest gegen die gesetzliche Gesinnung jenes Menschen, dessen letzte Norm statt der Wille Gottes und die Liebe ein Gesetz, eine Vorschrift ist; ein Protest gegen die unwahrhaftige Frömmigkeit des Buchstabens, dem der Geist fehlt, und gegen den unwahrhaftigen Ritualismus, dem die innere Wirklichkeit des Herzens nicht entspricht, der nicht auf Echtheit und Wahrhaftigkeit, sondern nur auf äußerliche Korrektheit zielt. Gegen diese Unwahrhaftigkeit wird im Matthäusevangelium (15,8) der Prophet Jesaja (29,13) zitiert: „Dieses Volk ehrt mich mit seinen Lippen. Ihr Herz aber ist weit weg von mir. Nichtig verehren sie mich mit ihren Lehren von Menschengeboten." Welcher Christ aber könnte so naiv sein, zu meinen, dies alles gelte nur für die Juden?

Jesu Protest ist ein Protest nicht nur gegen die Lüge im Sinne kasuistischer Moral, sondern gegen alles das, was die Evangelien „Heuchelei" nennen. Das dafür gebrauchte griechische Wort „hypókrisis" bzw. „hypokritaí" (= Heuchler) kommt von „hypokrínesthai". Dieses Wort ist ein geläufiger Terminus der griechischen Theatersprache und meint: eine Rolle spielen. Der „hypokrités" ist somit der Schauspieler. Das Verb wird von dorther gebraucht für alles Schauspielern, für jedes heuchlerische Sichverstellen: sein wahres Wesen, Sinnen und Denken verstellen und sich unter einer Maske aufführen und darstellen vor Gott, vor den Menschen, vor sich selbst.

Dieses unwahrhaftige Sichverstellen, Heucheln hält Jesus seinen Zeitgenossen vor: Heucheln beim Almosengeben, beim Beten, beim Fasten; wir kennen die Stellen der Bergpredigt. Heucheln aber auch in einer unwahrhaftigen Moralkasuistik, etwa im Zusammenhang des Sabbats, wo Jesus auf die an sich selbstverständliche Wahrheit aufmerksam machen muss, dass die Gebote für den Menschen und nicht die Menschen für die Gebote da sind (Mk 2,27). Nach Jesus kommen Dirnen und Zöllner, die sich selber gegenüber wahrhaftig sind, besser weg als die sogenannten Gerechten. Im Gegensatz zu aller unwahren Gesetzlichkeit und Frömmigkeit kommt es für Jesus letztlich allein auf die Liebe an: „Darf man am Sabbat Gutes tun oder Böses, ein Leben retten oder töten?" (Mk 3,4).

Kann man sich ein schärferes Urteil über alle Unwahrhaftigkeit, Unechtheit, Heuchelei vorstellen als die große Weherede im Matthäusevangelium (Kap. 23), wo immer wieder neu wiederholt wird: „Ihr Heuchler!" „Wehe euch, ihr Schriftgelehrten und Pharisäer, ihr Heuchler! Ihr reinigt das Äußere, Becher und Schüssel, inwendig aber seid ihr voller Raub und Gier! Wehe euch, ihr Schriftgelehrten und Pharisäer, ihr Heuchler! Ihr gleicht getünchten Gräbern, von außen hübsch anzusehen, inwendig aber voll Totengebein und aller Unreinheit. So erscheint auch ihr vor den Leuten gerecht, inwendig aber seid ihr voll Heuchelei und Frevel!"

Wie trostvoll aber für den wahrhaftigen, ehrlichen, aufrichtigen Menschen das andere Wort: „Das Auge ist des Leibes Licht. Wenn dein Auge hell ist, so wird der ganze Leib im Hellen sein. Wenn aber dein Auge nichts taugt, so wird dein ganzer Leib im Finstern sein" (Mt 6, 22f).

Konsequenzen für eine wahrhaftige Kirche

Wahrhaftige Kirche

Wenn wir aber sehen wollen, was die Botschaft Jesu für die Wahrhaftigkeit der Kirche bedeutet, dann dürfen wir nicht nur die Aussagen Jesu bzw. der synoptischen Überlieferung gegen die Heuchelei heranziehen, dann müssen wir vielmehr vom *Zentrum der Botschaft Jesu* ausgehen. In ihrer Verkündigung von Jesus als dem Christus, dem Herrn, beruft sich ja die Kirche zugleich auf die Botschaft Jesu selbst. Aber diese Botschaft Jesu selbst hat nicht die Kirche, sondern die Gottesherrschaft zum Thema. Und diese Botschaft Jesu von der Gottesherrschaft ist die radikale Frage nach der Wahrhaftigkeit jeder Kirche, die sich auf Jesu Botschaft beruft. Gegenüber dieser radikalen Frage nach der Wahrhaftigkeit der Kirche sind alle anderen kritischen Fragen bezüglich des „Institutionellen" zweitrangig. Hier wird die ganze Existenz der Kirche angesprochen und herausgefordert. Fragen über Fragen! Es sei versucht, diese nach fünf Richtungen hin zu konkretisieren.

Vorläufige Kirche

Jesus hat die Gottesherrschaft als eine entscheidend *zukünftige, endzeitlich-endgültige* verkündet. Frage: Ist die Kirche dieser Botschaft treu geblieben, versteht sich diese Kirche wirklich nur als eine *vorläufige* Kirche? Konkreter: Darf sich eine wahrhaftige Kirche in dieser Endzeit je zur Mitte der Verkündigung machen? Hat sie, von der in Christus erfüllten Gottesherrschaft herkommend, nicht immer wieder über sich hinauszuweisen auf die Gottesherrschaft, die sie erwartet als die kritische Vollendung ihres Auftrages? Geht sie der

nicht nur partikulären, sondern universalen, der nicht nur vo-
rübergehenden, sondern definitiven Offenbarung von Gottes
siegender Herrlichkeit nicht erst entgegen? Darf sie sich also
je als Selbstzweck hinstellen, als ob sie je eine in sich selbst
schwingende und beruhigte Herrlichkeit sein könnte? Als ob
die Entscheidung der Menschen sich eigentlich primär nicht
auf Gott, nicht auf Jesus den Christus, sondern auf die Kirche
bezöge! Als ob sie das Ende und das Vollendete der Welt-
geschichte, als ob sie das Definitivum wäre! Als ob ihre Definitionen und Deklarationen und nicht das Wort des Herrn in
Ewigkeit bliebe. Als ob ihre Institutionen und Konstitutionen
und nicht die Herrschaft Gottes die Zeiten überdauerte. Als
ob die Menschen für die Kirche, und nicht die Kirche für die
Menschen und gerade so für die Herrschaft Gottes da wäre!

Ist eine Kirche, die in dieser Endzeit vergisst, dass sie etwas Vorläufiges, Provisorisches, Zwischen-Zeitliches ist, in
ihrer Wahrhaftigkeit nicht überfordert, muss sie nicht ermü-
den, erschlaffen und stürzen, weil sie keine Zukunft hat? Vermag nicht nur diejenige Kirche ihre Wahrhaftigkeit durch-
zuhalten, die immer daran denkt, dass sie ihr Ziel nicht in
sich selbst, sondern in Gottes Reich finden wird? Weil sie so
weiß, dass sie nicht überfordert ist, dass sie gar nichts Endgül-
tiges zu erstellen, keine bleibende Heimat zu bieten braucht,
dass sie gar nicht verwundert sein muss, wenn sie in ihrer
Vorläufigkeit von Zweifeln geschüttelt, von Hindernissen
blockiert und von Sorgen erdrückt wird. Ja, versteht sich die
heutige Kirche wirklich so? Soweit sie dies bejahen kann, ist
sie wahrhaftige Kirche.

Anspruchslose Kirche

Jesus hat die Gottesherrschaft als *mächtige Tat Gottes selbst*
verkündet. Frage: Ist die Kirche dieser Botschaft treu geblieben, versteht sich diese Kirche wirklich als eine *anspruchs-
lose* Kirche? Konkreter: Darf eine wahrhaftige Kirche in dieser Endzeit bei aller äußeren Anstrengung im Dienst an der
Gottesherrschaft das Gottesreich je selbst schaffen wollen?
Als ob Gott es nicht für sie schafft! Als ob sie nicht auf sein,

sondern auf ihr Tun ihr ganzes Vertrauen zu setzen hätte. Kann die Kirche in dieser Endzeit mehr tun als um die Gottesherrschaft flehen, sie suchen, sich und die Welt auf die Gottesherrschaft wirkend und leidend intensiv vorbereiten? Dürfte sie sich je selber verherrlichen und sich gegenüber Gott und den Menschen ihrer eigenen Lebens- und Gestaltungskraft rühmen? Dürfte sie je gegenüber Gott durch ihre Entschlüsse, Vorschriften und Vorstellungen Ansprüche erheben, statt für Gottes Anspruch in der Welt einzutreten? Könnte sie je der Gnade Gottes in kirchlicher Besserwisserei misstrauen und auf eigene selbstgemachte Hoheit und Größe aus sein? Dürfte sie je gar selber Gnade zu schenken vermeinen, statt ihrer stets immer wieder zu bedürfen? Hat sie nicht die Gnade immer anspruchslos und vertrauend wie ein Kind mit leeren Händen zu empfangen? Hat sie sich nicht auch dann, wenn sie ihre Pflicht erfüllt, als unwürdige Macht zu betrachten?

Müsste sich eine Kirche, die sich einbildet, *sie* schaffe in dieser Endzeit das Entscheidende, sie müsse aus eigener Kraft und Leistung das Gottesreich herbeiführen, aufbauen, errichten, nicht notwendig unwahrhaftig werden, müsste sie so nicht zerstreuen und zerstören, weil es ihr am selbstlosen, ganz auf Gottes entscheidende Tat vertrauenden Glauben gebricht? Kann nicht nur diejenige Kirche, die im vertrauenden Glauben überzeugt ist, dass Gott diese Endzeit inauguriert, trägt und beherrscht und dass er die neue vollendete Wirklichkeit der Welt und des Menschen schenken wird, wahrhaftig sein und so sammeln und aufbauen, weil ihrem demütigen Vertrauen Kraft geschenkt wird? Weil sie dann weiß, dass bei all ihrem Sichmühen letztlich nicht ihre Theorien und Praktiken den Ausschlag geben, dass nicht ihr Leistungskatalog und ihre Glanzstatistiken das Kommen des Gottesreiches verbürgen, dass sie deshalb kein ausbleibendes Echo am weiteren Rufen verhindern, kein Misserfolg sie trostlos machen darf. Ja, versteht sich die heutige Kirche wirklich so? Soweit sie dies bejahen kann, ist sie wahrhaftige Kirche.

Dienende Kirche

Jesus hat die Gottesherrschaft als eine *religiös dienende* Herrschaft verkündet, in der politische Macht und politischer Einfluss nie um ihrer selbst willen gesucht werden. Frage: Ist die Kirche dieser Botschaft treu geblieben, versteht sich diese Kirche wirklich als eine *dienende* Kirche? Konkreter: Darf sich eine wahrhaftige Kirche in dieser Endzeit je als eine religiös-politische Theokratie aufführen? Ist ihre Bestimmung nicht die geistliche Diakonie? Ist ihr, statt ein Imperium geistlich-ungeistlicher Macht aufzurichten, nicht die Gnade gegeben, Ministerium in Knechtsgestalt zu sein: Gottesdienst als Menschendienst und Menschendienst als Gottesdienst? Wie könnte sie dann in dieser Endzeit je zu den Methoden weltlicher Machtergreifung und Machtdurchsetzung, politischer Strategie und Intrige Zuflucht nehmen? Wie könnte sie weltlichen Glanz und Prunk ausstrahlen, wie Ehrenplätze zur Rechten und zur Linken verteilen, wie weltliche Würdetitel und Auszeichnungen vergeben wollen? Wie könnte sie die Güter dieser Welt, Geld und Gold, über das Notwendige hinaus horten wollen?

Wie könnte sie sich mit den Mächten dieser Welt verquicken, sie sich mit irgendeiner weltlichen Gruppierung, einer politischen Partei, einem kulturellen Zweckverband, einer wirtschaftlichen und sozialen Machtgruppe einfach identifizieren? Wie sich für ein bestimmtes wirtschaftliches, soziales, kulturelles, politisches, philosophisches, weltanschauliches System unkritisch und unbedingt einsetzen können? Wie könnte sie diese weltlichen Mächte und Systeme in ihrer revolutionären Botschaft nicht immer wieder beunruhigen, befremden, in Frage stellen und gerade so dann auch ihren Widerstand und ihren Angriff erfahren müssen? Wie könnte sie um Leiden, Verachtung, Verleumdung, Verfolgung herumkommen? Wie könnte sie statt eines Kreuzweges einen Triumphweg gehen wollen? Wie könnte sie so die Außenstehenden je als ihre zu hassenden und zu vernichtenden Feinde sehen und nicht vielmehr als ihre mit verstehender und helfender Liebe zu umfangenden Nächsten?

Verliert eine Kirche, die in dieser Endzeit übersieht, dass sie zum selbstlosen Dienst an den Menschen, an den Feinden, an der Welt da ist, nicht ihre Wahrhaftigkeit und damit auch ihre Würde, ihre Geltung, ihre Existenzberechtigung, weil sie die wahre Nachfolge Christi aufgibt? Findet nicht umgekehrt nur die Kirche, die sich bewusst bleibt, dass nicht sie, sondern die Gottesherrschaft „in Macht und Herrlichkeit" kommen wird, in ihrer Kleinheit ihre wahre Größe und so ihre wahrhaftige Existenz? Weil sie dann weiß, dass sie gerade ohne Macht und Prachtentfaltung groß ist, dass sie nur höchst bedingt und beschränkt mit der Zustimmung und Unterstützung der Mächtigen dieser Welt rechnen kann, dass ihr Dasein von der Welt immer wieder ignoriert, vernachlässigt und nur toleriert oder aber bedauert, beklagt und weggewünscht wird, dass ihr Wirken immer wieder belächelt, verdächtigt, missbilligt und gehindert wird, dass für sie aber trotzdem über allen anderen Herrschaften unangreifbar Gottes Herrschaft ist. Ja, versteht sich die heutige Kirche wirklich so? Soweit sie dies bejahen kann, ist sie wahrhaftige Kirche.

Schuldbewusste Kirche

Jesus hat die Gottesherrschaft als Heilsereignis für die *Sünder* verkündet. Frage: Ist die Kirche dieser Botschaft treu geblieben, versteht sich diese Kirche wirklich als eine *schuldbewusste* Kirche? Konkreter: Darf eine wahrhaftige Kirche in dieser Endzeit bei allem Gegensatz zur Welt und ihren Mächten sich je als drohende, einschüchternde und Unheil verkündigende, Angst machende Institution gebärden? Darf sie der Welt statt der Heilsbotschaft eine Unheilskunde, statt der Freudenbotschaft eine Drohansage, statt der Friedensbotschaft eine Kriegserklärung künden? Ist doch die Kirche nicht für die Frommen und Gerechten, sondern für die Ungerechten und Gottlosen da! Soll sie doch nicht verurteilen und verdammen, sondern bei allem Ernst der Botschaft heilen, verzeihen und retten! Sollen doch auch ihre oft unumgänglichen Mahnungen nie Selbstzweck, sondern Hinweis auf Gottes Gnadenangebot sein! Kann sie doch auch selbst bei allen ihr widerfahrenden Gnadenerweisen und gerade wegen dieser Gnadenerweise sich nie als selbstgerechte Kaste oder Klasse der Reinen und Heiligen aufspielen! Kann sie doch nie das Böse, Unheilige und Gottlose nur außerhalb ihrer selbst wähnen! Gibt es doch nichts an ihr, was vollkommen, was nicht gefährdet, gebrechlich, fragwürdig, was nicht immer wieder der Korrektur und der Überbietung bedürftig wäre! Geht doch die Front zwischen Welt und Gottesherrschaft mitten durch die Kirche, mitten durch das Herz des einzelnen Christen!

Wird eine Kirche, die in dieser Endzeit nicht zur Kenntnis nehmen will, dass sie, aus sündigen Menschen bestehend, für sündige Menschen da ist, nicht hartherzig, selbstgerecht und erbarmungslos und so unwahrhaftig? Verdient sie so noch das Erbarmen Gottes und das Vertrauen der Menschen? Wird nicht nur derjenigen Kirche, die damit Ernst macht, dass erst die vollendete Gottesherrschaft Weizen und Unkraut, gute und faule Fische getrennt haben wird, aus Gnade die Wahrhaftigkeit, Heiligkeit und Gerechtigkeit geschenkt, die sie selber nicht zu verschaffen vermag? Weil eine solche Kirche dann weiß, dass sie der Welt kein hochmoralisches Theater vorzuspielen braucht, als ob bei ihr alles zum besten bestellt sei, dass sie ihre Schätze in sehr irdenen Gefäßen trägt, dass ihre Lichter bescheiden und flackernd, ihr Glaube schwach, ihr Erkennen zwielichtig und ihr Bekennen stammelnd ist, dass es keine einzige Sünde und Verfehlung gibt, die ihr nicht zur Verlockung werden kann und der sie nicht auch schon in dieser oder jener Weise erlegen ist, dass sie bei aller dauernden Distanzierung von der Sünde nie Anlass hat, sich von den Sündern zu distanzieren. Ja, versteht sich die heutige Kirche wirklich so? Soweit sie dies bejahen kann, ist sie wahrhaftige Kirche.

Gehorsame Kirche

Jesus hat für die Gottesherrschaft die *radikale Entscheidung des Menschen für Gott* gefordert! Frage: Ist die Kirche dieser Botschaft treu geblieben, versteht sich diese Kirche wirklich als eine *gehorsame* Kirche? Konkreter: Ist nicht auch und gerade die wahrhaftige Kirche in dieser Endzeit vor die Wahl gestellt: Gott und seine Herrschaft oder die Welt und ihre Herrschaft? Darf nicht auch sie sich durch nichts von einer radikalen Entscheidung für Gott abhalten lassen? Hat nicht gerade sie sich immer wieder von der Bosheit der Welt in Metanoia abzuwenden und unter die kommende Gottesherrschaft zu stellen, um sich von daher in Liebe der Welt und den Menschen zuzuwenden: nicht in asketischer Aussonderung aus der Welt also, sondern im radikalen Gehorsam der Liebe gegenüber Gottes Willen im weltlichen Alltag, nicht in Flucht vor der Welt, sondern in Arbeit an der Welt? Kann sich die Kirche vor diesem radikalen Gehorsam gegenüber Gottes Willen je drücken dürfen?

Als ob etwa das im Evangelium Geforderte nur der „bösen Welt" und nicht auch der immer wieder neu verweltlichten Kirche gelten würde! Als ob die Kirche den Gehorsam gegenüber Gottes heiligem Willen durch den Gehorsam gegenüber sich selbst ablösen könnte! Als ob sie ihre eigenen liturgischen, dogmatischen und rechtlichen Gesetze und Vorschriften, Überlieferungen und Gewohnheiten als Gebote Gottes ausgeben, sie über oder auch nur neben Gottes Willen, wie er in Jesus Christus laut geworden ist, stellen dürfte! Als ob sie die je zeitbedingten Festsetzungen zu ewigen Normen erklären dürfte, die dann nur durch gekünstelte und gequälte Interpretation an die je neue Gegenwart angepasst werden können! Als ob sie im Entscheidenden „Kamele verschlucken" und andererseits mit kleinlicher Kasuistik „Mücken seihen" dürfte! Als ob sie so die Last zahlloser Gesetze und Vorschriften auf die Schultern der Menschen legen dürfte, die diese nicht zu tragen vermögen! Als ob sie statt eines Herzensgehorsams aus Liebe zu Gott einen blinden Gehorsam aus Furcht verlangen dürfte, der nicht gehorcht, weil er die Forderung versteht und bejaht, sondern nur, weil es geboten ist, und der anderes täte, wenn es nicht geboten wäre! Als ob es hier je statt um die innere Gesinnung um die äußere Legalität, statt um die „Zeichen der Zeit" um die „Überlieferungen der Alten", statt um die Herzenslauterkeit um den Lippendienst, statt um den absoluten unverkürzten Gotteswillen um die „Gebote von Menschen" gehen dürfte!

Legt sich eine Kirche nicht selbst in Ketten, versklavt sie sich nicht, wird sie nicht unwahrhaftig, wenn sie in dieser Weltzeit vergisst, wem sie zu gehorchen hat, wenn sie die Herrschaft an sich selbst reißt, sich souverän macht, sich zur Herrin aufwirft? Wird nicht umgekehrt nur diejenige Kirche wahrhaftig und frei, die bei allem Versagen stets auf die Gottesherrschaft aus ist und daran denkt, wem sie gehört, für wen sie sich entschieden hat, für wen sie sich immer wieder neu kompromisslos und rückhaltlos zu entscheiden hat? Wird nicht nur eine solche gehorsame Kirche in Wahrhaftigkeit frei zur Nachfolge des Dienstes Christi an der Welt, frei für den Gottesdienst, in welchem sie den Menschen dient, frei für den Menschendienst, in welchem sie Gott dient. So wird sie frei für die Überwindung des Leides, der Sünde und des Todes durch das Kreuz des Auferstandenen, frei für die umfassende schöpferische Liebe, die die Welt verändert und erneuert. Sie wird frei für die unerschütterliche, tatkräftige Hoffnung auf das kommende Gottesreich der vollen Gerechtigkeit, des ewigen Lebens, der wahren Freiheit und des kosmischen Friedens, auf die endgültige Versöhnung der Menschheit mit Gott und die Aufhebung aller Gottlosigkeit. Ja, versteht sich die heutige Kirche wirklich so? Soweit sie dies bejahen kann, ist sie wahrhaftige Kirche.

Wahrheit in Wahrhaftigkeit

Dies bedeutet Jesu Botschaft von der Herrschaft Gottes für die Kirche und ihre Wahrhaftigkeit. Ich stellte nur Fragen, ich stellte sie als Angehöriger dieser Kirche und habe gerade *in* der Kirche mehr Recht als außerhalb, diese Fragen offen und ehrlich zu stellen. Fragen, die zweifellos auch Anklagen sind. Fragen, die zweifellos nicht nur Anklagen sind. Das ist ja gerade das Schwierige an diesen Fragen: sie können nicht einfach mit einem glatten Ja oder Nein beantwortet werden. Die Wirklichkeit der Kirche als solcher ist dafür zu komplex, zu vielschichtig, zu sehr Licht und Schatten, Wesen im Unwesen. Theologisch gesprochen: Die konkrete Kirche ist die Kirche Gottes und zugleich – mit all ihren Institutionen und Konstitutionen – Kirche aus Menschen, aus sündigen, das Evangelium immer wieder neu verratenden Menschen. Sie ist zugleich in jedem einzelnen Kirchenglied und in jeder ihrer Institutionen und Konstitutionen zugleich wahrhaftige und unwahrhaftige Kirche.

Aber nicht beides ausgeglichen und in gleicher Weise. In Jesus Christus, der als der verkündigende Jesus durch seinen Tod und sein neues Leben in Gott nun zum verkündigten Christus geworden ist und damit überhaupt die neue Wirklichkeit der Kirche möglich gemacht hat, gilt: Die Vergangenheit der Unwahrhaftigkeit hat für die Gegenwart der Kirche keine Zukunft mehr, aber es bleibt ihre eigene Vergangenheit. Die Kirche ist aus der Unwahrhaftigkeit errettet, aber sie bleibt noch immer angefochten. So muss sich die Kirche immer wieder neu von ihrer Vergangenheit abwenden auf ihre Zukunft hin, die ihre Wahrhaftigkeit ist. Diese Zukunft ist ihr durch Gottes Gnade bereits als Angeld geschenkt, sie ist davon ganz und gar bestimmt. Aber sie muss sie immer wieder neu ergreifen, sich schenken lassen. Weil sie wahrhaftig ist, soll sie auch wahrhaftig sein; der Indikativ fordert den Imperativ. Das ist es, was die apostolische Verkündigung fordert.

Überall im Neuen Testament geht es um die Wahrheit, die einen Grund- und Zentralbegriff des Neuen Testaments darstellt. Im Sinne des alttestamentlichen Wortes „emet" bedeutet das griechische Wort „alétheia", Wahrheit, im Neuen Testament zunächst das, was Bestand hat und gilt, was gültige Norm ist, und somit auch das, worauf man sich verlassen kann. Wahrheit heißt dann aber auch im Neuen Testament mehr im griechischen Sinne der erschlossene Tatbestand, die erschlossene Wirklichkeit und so dann auch die rechte Lehre. Paulus nennt so seine ganze apostolische Tätigkeit einfachhin eine „Offenbarung der Wahrheit" (2 Kor 4, 2). Die Predigt des Evangeliums kann „Wort der Wahrheit" genannt werden (2 Kor 6, 7). Der christliche Glaube heißt im 1. Petrusbrief „Gehorsam der Wahrheit" (1,22).

Johannes aber war es, der dem Wort „Wahrheit" den tiefsten Sinn gegeben hat: Wahrheit ist hier das Gegenteil von Lüge. Lüge wird aber hier nicht im Sinne der Moralkasuistik verstanden, sondern bezeichnet geradezu das Wesen der gottfernen, dem Tode verfallenen Menschenwelt, die sich gegen das Licht versperrt, sich gegenüber Gott dem Schöpfer selbständig machen will und so in die Finsternis der Illusion über sich selbst gerät.

Jesus aber kam als das Licht in die Welt, um für die Wahrheit zu zeugen: durch ihn ist die Gnade und die Wahrheit erschienen, und dem Glauben an ihn ist die Erkenntnis der Wahrheit verheißen. Das Wort, das Jesus bringt, ist Wahrheit, ja er selbst ist die Wahrheit. Mit „Wahrheit" meint hier Johannes nie nur eine Aussage, eine Lehre, auch nicht nur die Wirklichkeit im Gegensatz zur täuschenden Vorstellung. Er meint vielmehr die Wirklichkeit, welche im Grunde die einzig ursprünglich wahre Wirklichkeit ist: die Wirklichkeit Gottes! Diese Wahrheit „sagt", offenbart Jesus, in diese Wahrheit führt sein Geist ein, nicht nur in eine neue Lehre, Doktrin, Theologie über Gott, sondern in die neue offenbare Wirklichkeit Gottes selbst, wie sie sich in Jesus manifestiert. Diese Wahrheit wird uns frei machen. Von dieser Wahrheit, von dieser Wirklichkeit Gottes selbst her ist eine neue Existenz, ein neues Leben, eine Neugeburt des Menschen „aus Gott" möglich und wirklich.

Wir verstehen nun: Wahrhaftigkeit des Menschen ist nach dem Neuen Testament im Grund nichts anderes als die ethische Forderung, die sich als ganz selbstverständlicher Imperativ aus dem Indikativ der neuen Wirklichkeit ergibt: Das Leben in Gottes Wahrheit oder Wirklichkeit erfordert des Menschen Wahrhaftigkeit.

Doch kann der Mensch auch die Wahrhaftigkeit nur dann verwirklichen, wenn sie ihm aus Gottes Gnade geschenkt wird. Sich selbst überlassen, findet er sich immer wieder in der Unwahrhaftigkeit vor. Aber er darf sein Ungenügen und seine Schuld überwinden im Gebet um Wahrhaftigkeit.

Auch für dieses Zusammengehören von Wahrheit und Wahrhaftigkeit ist der neutestamentliche Wortgebrauch aufschlussreich: Wie das alttestamentliche „emet" so bedeutet auch das profan griechische Wort „alétheia" zugleich Wahrheit und Wahrhaftigkeit: das, worauf man sich verlassen kann, Zuverlässigkeit, Aufrichtigkeit, Ehrlichkeit. Ebenso bedeuten die diesbezüglichen Adjektive „alethés" und „alethinós" zugleich wahr *und* wahrhaftig. So ist die Wahrhaftigkeit derartig selbstverständlich, dass sie verhältnismäßig selten in direkter Ermahnung eingeschärft wird, wenn auch im Neuen Testament kaum eine Sünde so heftig verurteilt wird wie die Heuchelei. Es braucht hier nicht daran erinnert zu werden, dass selbst dem Petrus von Paulus ins Angesicht widerstanden wurde, weil er „heuchelte" und „nicht richtig wandelte nach der Wahrheit des Evangeliums" (vgl. Gal 2, 11–14). Bedeutsam ist in diesem Zusammenhang, wie sehr in der neutestamentlichen Schrift auf den Freimut ("parresía", ursprünglich: das Recht, alles zu sagen) Gewicht gelegt wird: auf die Offenheit vor Gott und den Menschen, die nichts verschweigt oder verhüllt, des Freimutes, der sich nicht geniert, der Unerschrockenheit, die keine Angst hat.

Anders als im scholastischen Wahrheitsverständnis gehören nicht nur im biblischen, sondern auch im modernen Wahrheitsverständnis Wahrheit und Wahrhaftigkeit eng zusammen. Es zeigt sich hier einmal mehr, dass zwischen dem Vorwärtsschauen auf die moderne Welt und dem Rückwärtsschauen auf die ursprüngliche biblische Botschaft, dass zwischen Aggiornamento und Reform kein grundsätzlicher Widerspruch besteht; dass es nicht die wohlverstandene ursprüngliche, biblische Botschaft selbst, sondern die kirchlichen Neuerungen des 11., 13., 16., 19. oder 20. Jahrhunderts sind, die bei der modernen Welt nicht mehr ankommen, von ihr teils mit Recht zum Ancien Régime gerechnet werden. Auch die moderne Welt liebt im Entscheidenden, was den menschlich-personhaften Bereich betrifft, die abstrakten, rein „objektiven" Wahrheiten nicht. Die Wahrheit besteht für sie im menschlich-personalen Bereich nicht einfach in einer abstrakten neutralen Übereinstimmung des Intellekts bzw. seiner Aussage mit dem vom Subjekt erfassten Sachverhalt. Letztlich ist für sie hier nur die in existenzieller Entscheidung ergriffene, verwirklichte, gelebte Wahrheit relevant. Gefordert wird das Engagement, der unbedingte, rückhaltlose Einsatz für die Wahrheit und nicht nur eine unbeteiligte bloß betrachtende theoretisierende Haltung „Was zählt, ist allein der totale Einsatz" (Jean-Paul Sartre).

Für die moderne Welt ist so die Wahrheit an die persönliche Existenz des Menschen, d. h. an seine Wahrhaftigkeit gebunden. In der Wahrhaftigkeit nur kann die Wahrheit realisiert werden. In der Wahrhaftigkeit nur wird die Wahrheit der Person sichtbar. Nur der innerlich wahrhaftige Mensch ist für die Erfassung der Wahrheit, die ihn fordert, disponiert. Die volle Wahrheit verschließt sich dem, der sich selbst gegenüber in Unwahrhaftigkeit lebt. In diesem Sinne ist die Wahrhaftigkeit für den modernen Menschen vielfach grundlegender als die Wahrheit. Selbst die Menschen, die sich in der Wahrheit nicht finden können, müssen sich doch in der Wahrhaftigkeit finden. Wahrhaftigkeit macht offen für das Gespräch. Nicht die Wahrheit, wohl aber Wahrhaftigkeit ist so für die Menschen in einer pluralistischen Gesellschaft praktisch die Basis aller Toleranz, die ja die Position des Subjekts implizit in Frage stellt und die konkrete Wahrheitsfrage praktisch in der Schwebe lässt, ist die Basis alles Zusammenlebens und Zusammenwirkens. Die Wahrhaftigkeit wird so für den modernen Menschen zu einer ethischen Grundforderung schlechthin, die sich auf alles und jedes erstreckt, was das Verhältnis des Menschen zu sich selbst, zur menschlichen Gemeinschaft und zu Gott umgreift.

II. Zivilcourage, Christencourage, Kirchencourage

In einer Predigt darf man ganz direkt anreden: Sie kennen den zentralen Satz des Apostels Paulus, mit dem er, der vorher noch nie in Rom war, sich der Gemeinde in Rom vorstellt: „Ich schäme mich des Evangeliums nicht" (Röm 1,16). Das kleine Vorbereitungsteam aber, das diesen Gottesdienst vorbereitet hat, verriet mir, was für mich keine Überraschung war: dass es nicht wenige Theologen und Theologinnen gibt, die sich schämen, Kommilitonen gegenüber zu bekennen, dass sie Theologen sind. In der Tat ist das „sich nicht schämen" (epaischýnesthai) schon bei Paulus identisch mit dem „sich bekennen" (homologeín). Man schämt sich also, sich als Theologe zu bekennen. Da heißt es: Was, Theologie? Wie kannst Du denn so etwas studieren? Und erst recht wenn eine Theologin sich dazu bekennen soll: Du, eine Frau, und Theologie studieren? Und auch noch katholische? Unbegreiflich.

„Ich schäme mich des Evangeliums nicht"

Das ist noch freundlich gesagt und hängt natürlich zusammen mit der lamentablen Lage und der Glaubwürdigkeitskrise, in die wir uns in unserer Kirche in den nahezu vier Jahrzehnten seit dem Konzil hineinmanövriert haben, was jetzt glücklicherweise nicht mein Thema ist. Diejenigen von Ihnen, die die Konzilszeit mitgemacht haben, wissen, dass man sich zumindest damals der Theologie nicht zu schämen brauchte. Ich erinnere mich eines Studenten, den ich im Auto die Waldhäuserstraße hinauf mitgenommen habe: Biologie studiere er, und Sie, was machen Sie?, fragte er mich. Ich bin auch an der Universität. In welcher Fakultät, fragte er. In der Theologie, bekannte ich und schämte mich nicht. „O ja", sagte der junge Biologiestudent, „da ist ja heute auch etwas los, manchmal mehr als in der Biologie." Sie sehen: Damals hatte man weniger Anlass, sich der Theologie zu schämen.

Ich darf Ihnen allerdings gestehen, dass ich mich auch heute der Theologie nicht schäme, und dass ich vor allen möglichen untheologischen Gremien über Theologisches zu reden habe, ohne dass ich mich schäme oder auch beschämt werde. Woran liegt das, werden Sie vielleicht fragen. „Das ist ein weites Feld", zitiert man heute gerne Fontane. Kreisen wir das Thema langsam ein und beginnen wir sozusagen von außen, wird man zunächst einmal sagen müssen: Sich-nicht-schämen ist natürlich auch eine Frage der *Zivilcourage*, eine Tugend, die nun einmal unter Theologen, wenn ich mich nicht täusche, nicht sehr beliebt ist.

Denken Sie einmal mit mir nach: Ist vielleicht unsere Konzentration auf das rein Intellektuelle, Rationale, der Grund, weswegen man sowohl das Wort „Courage" wie das deutsche Wort „Mut" in Wörterbüchern der Psychologie, Pädagogik und Soziologie normalerweise nicht findet, aber leider auch nicht im „Staatslexikon", und leider, leider auch nicht im „Lexikon für Theologie und Kirche", wo man in Band 7 zwar den Publizisten Carl Muth (mit „th"), aber wie auch in der berühmten RGG keine Zeile über Mut ohne „th" findet. Ja, die protestantische „Theologische Realenzyklopädie" braucht nicht weniger als dreiundzwanzig Bände, um sich bis zur Silbe Mu- vorzuarbeiten, wo man dann aber, bitter enttäuscht, zwischen „Muße" und „Muttergottheiten", beide modisch breit behandelt, erneut keine einzige Zeile über den „Mut" findet.

Nein, mit „Courage" scheinen die Intellektuellen der verschiedenen Fachrichtungen und die Theologen wenig anfangen zu können. Aber „Courage" kommt ja auch nicht von „Intellekt" oder gar von „Raison"; courage ist offensichtlich nicht ein Produkt jenes der Wissenschaft eigenen „Raisonnierens", Urteilens, Durchdenkens und Begründens. „Courage", schon seit dem 16. Jahrhundert auch im Deutschen üblich, kommt, die Etymologie steht eindeutig fest, von „cœur". „Le cœur", lautet Pascals berühmtes und kaum übersetzbares Wortspiel, „le cœur a des raisons que la raison ne connaît point!" Also: „Das Herz hat Vernunftgründe", so könnte man übersetzen, „welche die Vernunft selber nicht kennt." Ja, wenn man nur (ich sage: nur) der Vernunft folgen will, wird man selten „courage" zeigen. Die mutigsten Pferde seien die blinden, heißt es. Und wirklichen Mut hätten nur die Narren, gescheite Leute dagegen seien selten mutig, vielmehr vorsichtig und maßvoll, das hat ein ganz Gescheiter gemeint.

Aber Blaise Pascal, nicht nur ein Gescheiter, sondern ein mathematisch-philosophisch-literarisches Genie, hat gegen das einseitige Raisonnieren der Wissenschaft die Logik des Herzens gesetzt, die das „raisonnement" und das „sentiment", die ja beide ihre Grenzen haben, zu verbinden weiß. „Herz" meint dann nicht etwa das Irrational-Emotionale im Gegensatz zum Rational-Logischen. Nein, „Herz" meint jene – durch das körperliche Organ symbolisch bezeichnete – geistige Personmitte des Menschen, sein innerstes Wirkzentrum, das exakte Organ menschlicher Ganzheitserfassung.

Also nicht einfach in der reinen Vernunft, sondern im Herzen hat die „Courage" des Menschen, die natürlich nie ohne Vernunft sein soll, ihren Sitz, und im übrigen auch die Schatten. Und ganz entsprechend kann man „Courage" im Deutschen wiedergeben mit „Beherztheit": ein Wort, das vom Mittelhochdeutschen „beherzen" gleich „standhaft sein" herkommt und das ja auch heutzutage meint, „mutig, entschlossen, unerschrocken" zu sein. Doch sind das nun gerade Theologen: mutig, entschlossen, unerschrocken?

Sich zur Sache bekennen

Aber nun geht es ja beim Sich-nicht-Schämen, beim Sich-Bekennen nicht nur um „Courage" im allgemeinen, es geht um „Zivilcourage". „Zivil", ebenfalls schon im 16. Jahrhundert aus dem Französischen übernommen, geht auf das lateinische „civilis" gleich „bürgerlich", „gemeinnützig" zurück,

das seinerseits vom lateinischen „civis" gleich „Bürger" herkommt. Und damit ist schon klar, dass Zivilcourage abge-
setzt werden muss vom sprichwörtlichen Mut des Soldaten.
Zivilcourage meint (frei nach Duden) ganz unmilitärisch den
Mut, den man dadurch beweist – und da sind wir schon etwas
näher bei Paulus –, dass man seine Meinung offen äußert und
ohne Rücksicht auf eventuelle Folgen in der Öffentlichkeit
vertritt, auch gegenüber der Obrigkeit und Vorgesetzten.
Wenn ich richtig orientiert bin, ist das Wort „Zivilcourage"
zum ersten Mal von Bismarck, dem „eisernen Kanzler",
1864 geprägt worden, nicht etwa um die Deutschen zu loben,
sondern um ihnen den Mangel an dieser Tugend im Staat an-
zukreiden.

Aber ich frage Sie: Lernt man Zivilcourage vielleicht in
der Kirche, in einem Theologenkonvikt, an einer Theologischen Fakultät? In der Kirche (über Theologenkonvikt und
Fakultät können Sie alle besser urteilen als ich), in der
Kirche – das zeigt die Reaktion auf das Kirchen-Volks-
Begehren – hat man normalerweise eher Angst vor Zivilcourage. Und man hat Ausrede um Ausrede, um nicht „bekennen" zu müssen, dass man für bestimmte Reformen ist oder
sie eben weiterhin verhindern will. Lieber hält man sich
raus, bedeckt, scheut die Öffentlichkeit, das klare Bekenntnis. Aber das lässt uns beim Einkreisen der Thematik eine
Runde weiter in die Tiefe steigen: Geht es denn wirklich
nur um Zivilcourage?

Ich frage Sie: Wo bleibt denn bei all der Rede von Zivilcourage die „Christencourage"? Warum gibt es zwar die
Courage des Soldaten, der weiß, dass nur, wer wagt, gewinnt? Warum sogar die Courage der Marketenderin, die
trotz Niederlagen sich durch ihre vitale, zupackende Art
selbst im Krieg als „Mutter Courage" (Brechts Lehrstück) erweist? Warum auch die Courage des Weltmenschen, der vor-
macht, dass dem Mutigen die Welt gehört? Ja, warum gibt es
da neben der Zivilcourage nicht auch eine sprichwörtliche
„Christencourage", wie es ja doch neben dem Zivil-Recht
ein Kirchen-Recht gibt und Doctores utriusque iuris, beider

Rechte? Warum gibt es bei uns nicht mehr Menschen beider Couragen, der Zivilcourage und der Christencourage?

Er muss ja einmal existiert haben, dieser Christenmut. Sonst hätte es ja gar nicht Leute wie den couragierten St. Georg geben können, der bekanntlich einen Drachen getötet hat. Gerade ihn aber hat man neuerdings, und meines Erachtens völlig zu Unrecht, aus dem Festkalender der katholischen Kirche hinauskomplimentiert, weil die Drachentötung historisch nicht zu verifizieren sei. Als ob nicht jeder von uns auf seine Weise mit dem Drachen des Bösen zu kämpfen hätte ...

Aber die kirchliche Diskreditierung der Courage muss schon früh angefangen haben, sonst hätte es in Schillers Ballade vom „Kampf mit dem Drachen" kaum heißen können: „Mut zeigt auch der Mameluck, Gehorsam ist des Christen Schmuck". Dieser Satz stammt denn auch von einem hohen Kirchenmann, der das zu einem einfachen Christenmenschen sagt, der – da staunen Sie – nun wirklich einen Drachen getötet, aber dabei leider sein Gehorsamsgelübde verletzt hatte, das jeden Kampf verbietet. Sie sehen: Im kirchlichen Bereich wird einem Mut und Freimut eher abgekauft und dafür auch noch mit Gehorsam bezahlt!

Das Beispiel des Paulus

Ach, denkt man da ein wenig wehmütig, wie weit sind wir doch weggekommen, wir Christen, von unserem Christus, der immer so klar mit „Ja, ja" und mit „Nein, nein", der immer öffentlich geredet hat und von dem das Wort stammt: „Wer sein Leben gewinnen will, der wird es verlieren; und wer es verliert, der wird es gewinnen!" Wie weit sind wir doch weggekommen vom früher sprichwörtlichen „apostolischen Freimut", jener „Parrhesia", mit dem die Apostel auch angesichts einer feindlichen Öffentlichkeit ihre Botschaft verkündet haben! Wie weit sind wir weggekommen vom Freimut eben dieses Apostel Paulus, der noch kurz vor seinem Brief an die Gemeinde von Rom, wo von Petrus bekanntlich nichts steht, in Antiochien diesem Petrus, dem „Kephas", „dem Felsen", wie Paulus selber sagt, „in Gegenwart aller ins Angesicht widerstand"! Warum? Weil Kephas, damals noch keineswegs unfehlbar, nicht „wandelte nach der Wahrheit des Evangeliums". Könnte es denn ein härteres Wort geben gegenüber dem, wie man heute in Rom glaubt, ersten Papst! Nein, keine fromme Sage ist dieser Konflikt, sondern historische Tatsache, berichtet im zweiten Kapitel des Galaterbriefes, welche Passage die römische Kirche aber, an dieser Art von Courage nicht besonders interessiert, in ihrer Liturgie bis zum Zweiten Vatikanischen Konzil nie vorlesen ließ, nicht einmal am Fest St. Peter und Paul.

Ja, der Opponent Paulus, mit Hilfe des römischen Doppelfestes erst nachträglich ganz mit Petrus harmonisiert und domestiziert, war nie ein ganz bequemer Mann. Ihm fehlte es nicht am Mut zur deutlichen Rede in der Kirche und in der Öffentlichkeit. Er verband in seiner Person sozusagen die Zivilcourage, die Christencourage und die Kirchencourage (vor Petrus). Und wenn man ihn gefragt hätte, woher er denn die Kraft habe für seine „Parrhesia", für den Freimut seines Verkündigens und seines Bekennens, dann hätte er ohne allen Zweifel geantwortet, und Sie, meine lieben Zuhörerinnen und Zuhörer, kennen seine Antwort schon, wenn Sie bei der Lesung seines Briefes aufgepasst haben: Seine Kraft hat der Apostel vom Evangelium selbst, ja, seine Kraft ist das Evangelium, dessen er sich nicht schämt.

Aber warum hätte Paulus sich denn schämen sollen, wenn er diese Botschaft, wie er sagt, allen Menschen zum Glück, zum umfassenden Wohl, zum Heil verkünden sollte: den griechisch Sprechenden, hellenistisch Gebildeten, kulturell Hochstehenden, den „Hellenen", ebenso wie den Anderssprachigen, den Fremden aus all den möglichen Regionen und Ethnien des Imperiums, den „Barbaren". Ja, warum hätte er sich denn schämen sollen mit dieser Botschaft?

Doch überlegen Sie sich die Gegenfrage: Sollte man sich denn nicht vielleicht doch schämen, wenn man einen nackten, blutenden Menschen am Galgen der Schande als eine Heilsfigur, als ein Hoffnungszeichen zum ewigen Leben verkünden soll? Für die Juden, Paulus ist sich dessen nur zu bewusst, ist solche Botschaft schlechterdings skandalös, für die hellenistisch Gebildeten aber totaler Unsinn. Was also? Paulus hätte zweifellos nie darauf verzichtet, diesen Schmerzensmann plastisch vor Augen zu stellen, der nun einmal das Zentrum seiner Botschaft bildet: „Denn ich hielt es für richtig", schreibt er an die Gemeinde von Korinth (1 Kor 2,2), „unter euch nichts zu wissen als allein Jesus Christus, und zwar als den Gekreuzigten". Aber, das muss man doch auch bedenken, nie hätte Paulus in diesem Schmerzensmann, der für die Juden ein Skandal und für die Hellenen ein Nonsens war, je ein „abendländisches Kultursymbol" sehen können. Tausend Jahre lang hatte in Europa niemand gewagt, diesen gemarterten und geschundenen Nackten am Kreuz darzustellen, außer jener unbekannte kritzelnde Spötter oben auf dem Palatin, dem kaiserlichen Bezirk, der im 3. Jahrhundert in primitiver Weise den Gekreuzigten mit einem Eselskopf darstellte und darunter schrieb „Alexamenos betet seinen Gott an". Das sollte man auch in der Kreuzesdiskussion von heute beachten.

Nein, diese Botschaft vom Gekreuzigten bleibt eine Herausforderung für die Aufgeklärten zur Linken, die sich eine säkulare Welt ohne Kreuz erträumen und dabei Schiffbruch erleiden, und eine Herausforderung für die Unaufgeklärten zur Rechten, die mittelalterlich-klar mit dem Kreuz und Kreuzzügen populistischer Art meinen die Welt beeindrucken und die nächsten Wahlen gewinnen zu können. Nein, die Botschaft vom Gekreuzigten ist und bleibt eine Provokation allererersten Ranges. Und wenn man sich dieser Botschaft wie schon der Apostel nicht schämen soll, dann muss man schon von einem überzeugt sein: dass diese Botschaft von Jesus Christus die Botschaft Gottes selber ist. Und dies ist denn auch der eine und einzige Grund, weswegen Paulus sich dieser skandalösen und ärgerniserregenden Botschaft nicht schämt: Er weiß, dass dieser Gekreuzigte von Gott zum Leben erweckt und so gerechtfertigt ist, und dass ohne das Erwecken des Gekreuzigten zum Leben unser Glaube nichtig und unsere Hoffnung grundlos wären. Er glaubt an den Gekreuzigten, der da nicht mehr am Kreuz hängt, sondern in Gottes ewiges Leben eingegangen ist.

So ist denn deutlich, warum sich Paulus seiner Botschaft nicht schämt: nicht weil er einen besonderen Rhetorik-Kurs durchgemacht hätte, nicht weil er sich in einer neuen Psychotechnik auskennt, nicht weil er neue Marketingstrategien studiert hätte, sondern weil er von seiner Sache überzeugt ist, und seine Sache ist das Evangelium vom Gekreuzigten und Lebendigen, das ihm die Kraft gibt zum Lebensmut: zur Zivilcourage, Christencourage und Kirchencourage. Ja, das Evangelium, die Botschaft selber, ist die Dynamis (die Dýnamis toũ theũ), die Kraft und Macht Gottes selbst, die nicht zum heute gängigen Defätismus, zur Frustration und erst recht nicht zur apokalyptischen Untergangsstimmung führt, sondern die das Zeugnisgeben auch bei Widerspruch oder Prestigeverlust und ein Standhalten trotz Zweifel und aller Anfechtungen ermöglicht.

Nein, „ich schäme mich des Evangeliums nicht; denn es ist eine Kraft Gottes zum Heil eines jeden, der glaubt". „Der glaubt": der bei allem Selbstvertrauen im Entscheidenden nicht auf sich vertraut, nicht auf seine Leistungen, seine Werke, nicht einmal auf seine theologischen Werke, sondern der unerschütterlich vertraut auf Gott, seine Gerechtigkeit, seine Gnade, seine Verheißung. Denn, wie es da heißt: „Der aus Glauben Gerechte wird leben!"

III. Blaise Pascal – Die Gründe des Herzens

Pascal zufolge gibt es nicht nur die diskursive Vernunft, sondern auch das intuitive Erkennen. Nicht nur die langsame analytisch-synthetische Konstruktion des Verstandes, sondern auch das einfache, rasche Erfühlen. Gefühlsbetonte Menschen bedurften mehr des „raisonnement", rationale aber auch des „sentiment"!

Das Herz hat seine Gründe

Ob es der durch Wissenschaft, Technologie und Industrie beschleunigt rationalisierten Moderne nicht vor allem an dem gefehlt hat, was Pascal umfassend „le cœur", „das Herz", nennt? „Wir erkennen die Wahrheit nicht mit der Vernunft allein, sondern auch mit dem Herzen" (Fragment 282). Sentimentalität, Rührseligkeit, Gefühlsduselei? Nein, Herz bezeichnet nicht das Irrational-Emotionale im Gegensatz zum Rational-Logischen, sondern jene geistige Personmitte des Menschen, für die das körperliche Organ nur Symbol ist: sein innerstes Wirkzentrum, den Ausgangspunkt seiner dynamisch-personalen Beziehung zum Anderen, das exakte Organ menschlicher Ganzheitserfassung. Herz meint zwar den menschlichen Geist, aber nicht insofern dieser rein theoretisch denkt und schlussfolgert, sondern insofern er spontan präsent ist, intuitiv erspürt, existentiell erkennt und ganzhaft wertet, ja, insofern er im weitesten Sinn liebender (oder aber hassender) Geist ist. Wer versteht von daher nicht Pascals berühmtestes, aber kaum gut zu übersetzendes Wortspiel; „Le cœur a ses raisons, que la raison ne connaît point: on le sait en mille choses – Das Herz hat seine (Vernunft-)Gründe, die die Vernunft nicht kennt; man erfährt das in tausend Dingen" (Fragment 277). Ja, es gibt eine Logik des Herzens, und das Herz hat seine eigene Vernunft!

Heute, im Übergang zur Postmoderne, liest man – von

zahlreichen Alternativbewegungen her – mit neu geschärftem Problembewusstsein die Ausführungen Pascals über den „esprit de finesse", das „Feingefühl" (Fingerspitzengefühl, Takt, Empfindsamkeit, Witterung, Spürsinn), der den „esprit de géométrie", den „Geist der Mathematik", ergänzen muss; wir erkennen betroffen, wieviel wir verdrängt, ignoriert und auseinandergerissen haben; C. P. Snow hat von „zwei Kulturen" geredet. Nach Pascal sollten alle „Geometer", alle Mathematiker, Physiker und Techniker auch feinfühlig sein, Sinn haben für Zusammenhänge, Stimmungen, die Dynamik des Ganzen, umgekehrt aber sollten alle Feinfühligen auch „Geometer" sein. Feinfühligen, die nur spontan zu urteilen gewöhnt sind, verschlägt es den Atem, wenn sie mit Rationalität, mit Definitionen und Prinzipien der exakten Wissenschaft konfrontiert werden. Die exakten Wissenschaftler aber sollen sich nicht lächerlich machen dadurch, dass sie Fragen des Feingefühls auf geometrische Weise behandeln wollen. Von daher wird man zweifellos verstehen, warum Pascal vorhat, in seinem großen Werk ein höchst kritisches Kapitel gegen den bedeutendsten Repräsentanten des „esprit de géométrie" zu schreiben, wie eine ominöse Notiz belegt: „Gegen die Leute schreiben, die allzu tief in die Wissenschaft eindringen: Descartes!" (Fragment 76).

Nun kann als unbestritten gelten, dass die großen Innovatoren des modernen Denkens keine Krypto-Freidenker oder Skeptiker waren. Aber unter diesen „erstrangigen Innovatoren" des modernen Paradigmas ist Pascal ohne alle Zweifel derjenige, der die schwerwiegenden Konsequenzen für den Menschen am scharfsinnigsten sichtet und den Menschen hellsichtig wie kaum einer in seiner *Grundambivalenz* analysiert. Er beschreibt die Zwiespältigkeit der menschlichen Natur – psychologischer Entlarver längst vor Kierkegaard, Dostojewski, Nietzsche, Freud und Kafka – unbarmherzig bohrend in allen möglichen Situationen, Gewohnheiten, Zufälligkeiten. Ein Denker in „vérités opposées", ein Dialektiker also par excellence.

Zwischen Unendlichkeit und Nichts

Vor allem spürt Pascal, was die kosmologischen Entdeckungen eines Kopernikus, Kepler und Galilei für den Menschen existentiell bedeuten: das Gefühl der Verlorenheit im endlosen, undurchdringlichen Weltall, aus welchem keine Stimme des Schöpfers mehr zu hören ist. „Das ewige Schweigen dieser unendlichen Räume erschreckt mich" (Fragment 206), notiert er. Was ist dann angesichts dieser Unendlichkeit des Raumes der Mensch? Vor dem All ist er ein Nichts! Aber doch auch umgekehrt: was ist angesichts des Mikrokosmos, der Unendlichkeit im Kleinen, der Mensch? Vor dem Nichts ist der Mensch ein All! Dies macht die Disproportion, das grundlegende Missverhältnis, macht Elend und Größe des Menschen in der Welt aus: „Ein Nichts gegenüber dem Unendlichen, ein All gegenüber dem Nichts, eine Mitte zwischen Nichts und All. Unendlich entfernt vom Begreifen der äußersten Grenzen, sind ihm das Ziel aller Dinge und ihr Ursprung unüberwindbar verborgen in einem undurchdringlichen Geheimnis" (Fragment 72). Dass aber der Mensch um diese seine problematische, hochgefährdete Zwitterstellung weiß, das macht seine Würde aus: „Wenn das All ihn vernichtete, wäre der Mensch doch noch edler als was ihn tötet, da er weiß, dass er stirbt und die Übermacht des Alls kennt; das All aber weiß davon nichts" (Fragment 347).

Pascal indessen ist nicht nur ein sensibler Analytiker der kosmologischen, sondern auch der psychologischen Ambivalenz des Menschen: einer der frühen großen „Entdecker des Ich" (Richard Friedenthal). In immer neuen Formen beschreibt er die Doppelbödigkeit alltäglich-menschlicher Existenz. Was verbirgt sich hinter all dem gesellschaftlichen Ämter-Betrieb, den Liebesabenteuern, hinter Jagd und Tanz, Spiel und Sport? Was entdeckt man, schaut man hinter alle Masken? Ist es nicht überall eine Angst des Menschen vor dem Alleinsein? Entsteht nicht von daher ein Gefühl von Verlorenheit, Ohnmacht, ja Leere? Pascal notiert: „Unversehens steigt da vom Grund seiner Seele die Langeweile herauf, die Melancholie, die Traurigkeit, der Gram, der Überdruss, die Verzweiflung" (Fragment 131).

So könnte man nun Fragment um Fragment interpretieren, um die menschliche Situation in all ihren Schattierungen von Pascal skizziert zu finden. Ich will nur eines hier ins Zentrum stellen, das uns besonders nahe ist und beinahe die Stimmung der heutigen No-future-Generation zum Ausdruck bringt: „Ich weiß nicht, wer mich in die Welt gesetzt hat, noch was die Welt ist, noch was ich selbst bin. Ich bin in einer schrecklichen Unkenntnis aller Dinge, ich weiß nicht, was mein Leib ist, was meine Sinne, meine Seele, sogar was jener Teil meines Ich ist, der denkt, was ich sage, der über alles und über sich selbst nachdenkt und sich selbst ebensowenig erkennt wie alles übrige. Ich sehe diese grauenvollen Räume des Alls, die mich einschließen, und bin an einen Winkel dieses weiten Weltenraumes gefesselt, ohne zu wissen, weshalb ich an diesen Ort gesetzt worden bin und nicht an einen anderen; warum die kurze Zeit, die mir zum Leben gegeben ist, gerade in diesem Moment und nicht in einem anderen der ganzen Ewigkeit, die mir vorausgegangen ist und mir folgt, gemessen wurde. Ich sehe ringsum nur Unendlichkeiten, die mich einschließen wie ein Atom, und wie einen Schatten, der nur einen Augenblick dauert ohne Wiederkehr" (Fragment 194). Und Pascal endet mit einem Ausblick auf das Sein zum Tod: „Alles was ich kenne, ist, dass ich bald sterben muss, aber was ich am wenigsten kenne, ist gerade dieser Tod, den ich nicht zu vermeiden weiß. – Wie ich nicht weiß, woher ich komme, weiß ich auch nicht, wohin ich gehe; ich weiß nur, dass ich beim Verlassen dieser Welt für immer entweder in das Nichts oder in die Hände eines erzürnten Gottes fallen werde, ohne zu wissen, welche dieser beiden Möglichkeiten auf immer mein Teil sein muss. Das also ist meine Situation, voll der Schwäche und Ungewissheit" (ebd).

Worum also geht es diesem Mann? Pascal geht es anders als Descartes nicht nur um die Ungewissheit des menschlichen Wissens, sondern um die radikale *Ungesichertheit* der menschlichen Existenz. Kierkegaard, Dostojewski und Kafka, Heidegger, Jaspers und Sartre werden diese später noch eingehender analysieren, aber auch keine dramatischeren Worte finden als Pascal, der schließlich ausruft: „Was für eine Chimäre ist doch der Mensch! Was für eine Novität, was für ein Monstrum, was für ein Chaos, was für ein Subjekt des Widerspruchs, was für ein Wunder! Richter aller Dinge, einfältiger Erdenwurm; Verwalter des Wahren, Kloake der Ungewissheit und des Irrtums; Glanz und Auswurf des Weltalls" (Fragment 434).

Was soll da noch Philosophie? Ist die Philosophie hier nicht überhaupt am Ende? In der Tat erfolgt bei Pascal an diesem Punkt eine völlig überraschende Wende: „Erkenne also, hochmütiger Mensch, was für ein Paradoxon du dir selber bist" (ebd). Worauf ein geradezu diktatorischer Appell an den Menschen ergeht, zu erkennen, dass die Lösung des Widerspruchs gar nicht vom Menschen erwartet werden kann und der Mensch auf ein anderes verwiesen ist, das ihn übersteigt: „Demütige dich, ohnmächtige Vernunft; schweige, armselige Natur. Lerne, dass der Mensch den Menschen unendlich übersteigt, und vernimm von deinem Meister deinen wahren Zustand, den du nicht kennst. Höre auf Gott!" (ebd).

Ein Sprung – gewiss. Aber für Pascal nicht ein Sprung des Gedankens, sondern ein Sprung, das Wagnis des – keineswegs unvernünftigen – Glaubens. Anders als Descartes kann er, der die Ambivalenz menschlicher Vernunft durchschaut hat, seine Gewissheit nicht auf ein „cogito ergo sum" („Ich denke, also bin ich") gründen, sondern – konsequent – auf ein „credo ergo sum" („Ich glaube, also bin ich"). Und nicht die Vision einer mathematisch orientierten Universalwissenschaft, wie sie Descartes in einer Novembernacht in Ulm an der Donau hat, bestimmt diesen Mann, sondern ein religiöses Grenzerlebnis, eine „Konversion", eine „Vision" ähnlich der des Mose vor dem brennenden Dornbusch. Nur zufällig hat bekanntlich ein Diener nach Pascals Tod das immer wieder neu in seinen Rock eingenähte Erinnerungsblatt („mémorial"), ebenfalls aus einer

Novembernacht und nach einer langen Vorgeschichte, gefunden, das mit dem groß geschriebenen Wort „Feu", „Feuer", beginnt und von einer Erfahrung der Gewissheit, des Sentiments, der überwältigenden Freude und eines alle Verlassenheit überwindenden Friedens berichtet. Sie hatte Pascal nicht beim abstrakten „Gott der Philosophen und Gelehrten", sondern beim lebendigen „Gott Abrahams, Isaaks und Jakobs, dem Gott Jesu Christi" erfahren. Eine „mystische" Erfahrung im eigentlichen Sinn der Einheitserfahrung ist das nicht, wohl aber die intensiv-innige Erfahrung des göttlichen Gegenüber im Geist der Väter und Propheten Israels.

Für Pascal ist damit ein letzter Grund der Gewissheit gefunden, an dem nun nicht mehr gezweifelt werden, auf dem man alle Gewissheit aufbauen könne: nicht das eigene Selbstbewusstsein des denkenden Menschen, nicht ein Begriff, irgendeine Idee von Gott, sondern der wirkliche, lebendige *Gott der Bibel*, der zwar immer gegenwärtig, aber äußerlich abwesend ist: der verborgene Gott, der sich nur dem Glaubenden offenbart. Eine Urgewissheit also nicht einfach aus dem Denken, sondern aus dem Glauben. Und das ist für ihn der Glaube: „Gott spürbar dem Herzen und nicht der Vernunft" (Fragment 278). Dabei soll die Vernunft nicht etwa abgewertet oder vergewaltigt werden: „Nichts ist der Vernunft so angemessen wie dieses Nichtanerkennen der Vernunft" (Fragment 272). Warum? „Der letzte Schritt der Vernunft ist, dass sie anerkennt, dass es unendlich viele Dinge gibt, die sie übersteigen" (Fragment 267). Kurz, es braucht beides: „Unterwerfung und Anwendung der Vernunft; darin besteht das wahre Christentum" (Fragment 269).

Pascals höchst ekstatische und höchst bewusste Erfahrung einer neuen Gewissheit des Herzens am 23. November 1654 „von ungefähr zehneinhalb abends bis ungefähr eine halbe Stunde nach Mitternacht" – im selben Jahre, Ludwigs XIV. Krönungsjahr, hat er der Pariser Akademie seine Abhandlungen über das arithmetische Dreieck und über die Wahrscheinlichkeitsrechnung vorgelegt – ist für ihn Höhepunkt und Lösung einer *Krise*. Voll innerer Unruhe und geistiger Ungeduld, krank und angewidert vom mondänen Treiben in Paris, halfen ihm die zahlreichen Gespräche mit seiner kongenialen Lieblingsschwester Jacqueline, die gegen seinen Willen in das streng jansenistische Kloster von Port-Royal eingetreten war, ein geistliches Zentrum, das später immer mehr zum geistigen Gegenpol des nahen Versailles werden sollte.

Dieser augustinische *Jansenismus* wird nun zu Pascals Schicksal: eine strenge theologisch-moralische Reformbewegung im Geiste Augustins, die vom belgischen Bischof Cornelius Jansen und dessen französischem Freund, dem Abbé de Saint-Cyran, geistlicher Inspirator vom Port-Royal, ausgegangen war. „Totale Unterwerfung unter Jesus Christus und meinen geistlichen Führer" hat es – ganz jansenistisch – am Ende des „mémorial" bei Pascal gelautet. Und das heißt: Zur Spannung zwischen Vernunft und Glauben ist nun die zwischen Freiheit und Gnade hinzugekommen. In seinen letzten Jahren wird Pascal so zum wichtigsten Kämpfer im „Großen Gnadenstreit" zwischen den *Jansenisten,* die – mit Augustin – gegenüber der unwiderstehlichen Begierlichkeit des Menschen Gottes unwiderstehliche Gnade betonen und die strengen moralischen und disziplinarischen Ideale der frühen Kirche verteidigen, und den *Jesuiten,* die – modern – für die Freiheit und Aktivität des Menschen unter Gottes Gnade und für eine liberalere Moral (Probabilismus) und Sakramentendisziplin (Beichte) eintreten.

Es folgt eine Zeit, in der der Streit um die Gnade zunehmend gnadenloser ausgetragen wird. Erst als nach römischer Verurteilung (1653) schließlich auch die Sorbonne – ein gutes Jahr nach Pascals Vision – eine Verurteilung ausspricht (1656), tritt Pascal in die Auseinandersetzung ein, aber sofort mit vollem Engagement. Pascal – auch darin ein Initiator der Moderne – wird so über Nacht zum ersten großen Journalisten Frankreichs. Seine anonymen Flugschriften, „Lettres Provinciales", voll von Ironie und Satire, scharfsichtig in ihrer Logik, in einem knappen, geschliffenen, überlegenen Stil abgefasst, sind eine Sensation, ja ein Skandal. Strikt gegen jeden Kompromiss mit Rom, verwirft Pascal die diplomatische Taktik von Port-Royal als unwahrhaftig. In einer heftigen Diskussion mit seinen Freunden verliert er darüber das Bewusstsein. Er hat jetzt nur noch wenige Monate zu leben. Aus dem Gewissensdilemma, Papst und Kirche auf der einen, persönliche Glaubensüberzeugung auf der anderen Seite, findet selbst sein überscharfer Geist keinen Ausweg. Hier liegen ja auch nicht mehr Glauben und Vernunft im Streit, sondern Glaube und Glaube!

Gegen die Indizierung seiner Flugschriften hat er, auf einem Notizzettel überliefert, an ein höheres Gericht appelliert: „Wenn meine Briefe in Rom verdammt werden, so ist doch das, was ich in ihnen verdamme, im Himmel verdammt! Ad tuum, Domine Jesu, tribunal appello. An dein Gericht, Herr Jesus, appelliere ich!" Tödlich geschwächt durch eine Krankheit, deren Natur auch gelehrte medizinische Abhandlungen bis heute nicht eindeutig feststellen konnten, aber auch durch rücksichtslose Bußübungen, darf er endlich, als er bereits in Agonie liegt, die Sterbekommunion empfangen, gespendet von seinem Pfarrer, der sich später beim scharf antijansenistischen Erzbischof von Paris dafür verantworten muss. Pascal stirbt ohne Widerruf in der Überzeugung, ein treuer Katholik zu sein, erst 39 Jahre alt, am 19. August 1662, neun Monate nach Port-Royals Unterschrift unter die Verurteilung von Port-Royal. „Möge Gott mich nie verlassen" sind seine letzten Worte.

Unerledigte Fragen

Wer könnte – wann immer man sich mit Pascals Person, Werk und Leben beschäftigt – seine Betroffenheit verleugnen? Was wäre seinen Schriften hinzuzufügen? Wo philosophisch-theologische Fragen derart zu Schicksalsfragen werden und einen Lebensweg zum Leidensweg machen: verbietet sich da nicht ein Urteil über die Person? Fürwahr:

nicht um seine Person kann es gehen. Aber es muss erlaubt sein, an seine Position im Kontext unserer Fragestellung nach Religion und Moderne Fragen zu stellen. Sie lassen sich in die eine zusammenziehen: Warum konnte die Religion Pascals, die sich so scharfsinnig gegen die Herausforderungen der neuen Zeit zu behaupten verstand, nicht die Religion der Moderne werden? Umstritten war Pascal schon zu seinen Lebzeiten, und auch aus der Rückschau werden viele Zweifel an Voraussetzungen und Folgen seines Glaubens wieder wach. Ich gruppiere sie um drei Stichworte: anthropologischer Pessimismus, moralischer Rigorismus, unpolitischer Privatismus.

Ein Religionsverständnis auf der Basis eines anthropologischen *Pessimismus* im Geiste des älteren Augustin konnte auf die Dauer nicht tragfähig sein; erst recht konnte es nicht die seit Thomas, Humanismus und Renaissance auch in der scholastischen Theologie verbreitete und besonders von Jesuitentheologen bejahte Hochschätzung des Menschlichen ersetzen. Wie sollte es sich mit der Vernunft vereinbaren lassen, dass jeder Mensch ohne Rücksicht auf seine Taten durch einen unerforschlichen Ratschluss Gottes zum Heil oder eben zum Unheil vorherbestimmt sei, dass er in jedem Fall durch die Ur- und Erbsünde in seiner Natur verdorben und in seinem Willen unwiderstehlich von der bösen Begierlichkeit beherrscht werde – überwindbar nur durch Gottes ebenfalls unwiderstehliche Gnade?

Eine Religionspraxis musste für die Zukunft der Moderne untauglich sein, die auf moralischem *Rigorismus* basiert: Dem Menschen wird strenge Entsagung und Demütigung, asketische Selbstquälerei und ein sinnenfeindlicher Spiritualismus zugemutet, Musik und Komödie (nicht die Tragödie!) abgelehnt, überhaupt alles Vergnügen lebenspessimistisch verdächtigt; in der religiösen Disziplin werden die Anforderungen (für Beichte und Kommunionempfang) verschärft. Darf man aber Selbsterniedrigung vor Gott statt als Dienst am Mitmenschen als Selbstzerstörung begreifen? muss man sein eigenes Ich hassen, um Gott von Herzen zu lieben? Führt der christliche Weg zu Gott nicht eher über die Zuwendung zum Du statt über die Vernichtung des Ich: die Nächstenliebe (nach dem Maß der Eigenliebe!) als Erfüllung der Gottesliebe? Tatsächlich, solche Art äußerer „Askese" („Übung" der Entsagung, Abtötung, Selbstverleugnung) auf Kosten des Menschlichen und Mitmenschlichen, für die es im Neuen Testament keine Grundlage gibt, hat in der Neuzeit nicht wenigen humanistisch Gesinnten Gottesglauben und Christentum gründlich vergrämt.

Eine Religion musste bei der Gestaltung der aufsteigenden Moderne versagen, die sich auf den Bereich des Privaten beschränkt und zu wenig gesellschaftlich und politisch wirksam ist: Religion auf der Grundlage eines unpolitischen *Privatismus?* Hier müssen wir noch ein letztes Mal einen Blick in das französische 17. Jahrhundert werfen, welches ja nicht nur das Goldene Zeitalter der französischen Philosophie, Wissenschaft und Literatur, sondern auch das der absoluten Monarchie, des Elends der Bauern, ständiger Revolten und ihrer blutigen Unterdrückung ist.

Keine Frage: jene spiritualistisch-verinnerlichte Frömmigkeit bildet den Hintergrund dafür, warum Pascal, so hoch-empfindsam er in vielfacher Hinsicht ist, doch keine Witterung zeigt für die Heraufkunft jener sich ebenfalls schon im 17. Jahrhundert – in der Säkularisierung von Politik und Staatslehre – ankündigenden vierten modernen Großmacht, der *Demokratie!*

Ist dies anachronistisch gefragt? Keineswegs: das Durchbrechen demokratisch-liberaler Ideen im folgenden Jahrhundert der Aufklärung wurde ja vorbereitet durch jene Naturrechtslehrer einer „Frühaufklärung", die zur Zeit Pascals in England und Frankreich unter dem Einfluss von Stoa und spanischer Barockscholastik Staatsverfassung, Wirtschaftsordnung, Moral und Religion auf der „Natur" oder in der „Vernunft" des Menschen begründet sehen und diese gegenüber den geschichtlich gewordenen Zu- und Missständen zur kritischen Norm erheben. Dem Menschen werden jetzt natürliche, auch für den Herrscher verbindliche *Rechte* zugeschrieben, die freilich nicht mehr, wie in der mittelalterlichen und spanischen Scholastik, im Ordnungswillen des Schöpfers verankert, sondern in der eigenen Einsicht der menschlichen Vernunft begründet gesehen werden. So lebt in Paris viele Jahre jener holländische protestantische Emigrant, der wie Pascal eine Apologie des Christentums mit dem genau gleichen – freilich lateinischen – Titel („De veritate religionis christianae" – „Die Wahrheit der christlichen Religion") geschrieben hat, Hugo Grotius (1583–1645). Anders als Pascal vertritt er auf der Linie des Erasmus von Rotterdam eine undogmatische, grammatisch-historische Exegese, verselbständigt zugleich das Naturrecht und bringt in Anlehnung an den spanischen Barockscholastiker Francisco Suárez die Entwicklung des modernen Völkerrechts in Gang („De iure belli ac pacis – Vom Recht der Krieges und des Friedens", 1625, von Rom indiziert).

Und Blaise Pascal selbst? Unter der Diktatur Richelieus, dann Kardinal Mazarins und schließlich Ludwigs XIV., die allesamt eine machiavellistische Politik jenseits von Moral, Konfession und Religion praktizieren, ist Kritik am fürstlichen Absolutismus, seiner Volksausbeutung (Versailles später mit einem Hofstaat von 4000 Personen) und seinen unablässigen Kriegen (Religionskriege, Steuerkriege, Bauernkriege, Kabinettskriege) praktisch unmöglich; jede Kritik der „grandeur" des einen und der „misère" der vielen wird mit Hilfe der Zensur, eines Spitzelsystems und plötzlicher Verhaftungen sofort ausgeschaltet. Verschiedene seiner „Pensées" lassen deutlich durchblicken, dass Pascal, der wie viele Jansenisten aus einer Familie der „noblesse de robe" (Beamtenadel) stammt, mehr denkt, als er sagt: Die Macht der Könige gründe auf der Vernunft, noch mehr aber auf der Dummheit des Volkes, schreibt er. Sonst äußert er sich nur im allgemeinen über Recht und Gesetze, findet es aber gefährlich, dem Volk zu sagen, dass die Gesetze ungerecht seien.

Die ungeheure Not des Volkes, das später den Tod des Roi-Soleil, des Sonnenkönigs, mit Verwünschungen und Steinen auf dessen Sarg begrüßen wird, ist Pascal wohlbekannt. Bis an die Grenzen des finanziell Tragbaren setzt er sich besonders in seinen letzten Jahren in Paris tagtäglich für die Armen und Hungernden ein: Die Einkünfte seiner Omnibusgesellschaft vermacht er Spitälern; eine mittellose Familie (mit einem an Pocken erkrankten Kind) nimmt er in sein Haus auf; Pferde, Karosse, Gobelins, Silber, Möbel verkauft er; sterben will er im Hospital der Unheilbaren. Nein, anders als etwa nach ihm Rousseau lebt Pascal das, was er sagt. Aber bei allem Respekt vor seiner Person: Können christliche Nächstenliebe, fromme Worte, Almosen und individuelle Caritas das politische Engagement auf Dauer ersetzen? Obwohl das Königtum, die größte und wichtigste Sache der Welt, die Schwäche, nämlich die Dummheit des Volkes, zum Fundament habe, meint Pascal, könne es trotzdem erstaunlich sicher sein: weil nämlich nichts so sicher sei wie dies, dass das Volk schwach bleiben werde.

Darin aber sollte er sich täuschen. Als das „Licht der Vernunft" sein Werk der *Aufklärung* auch im Volke zu tun begann, als der epochale Missbrauch der Religion zugunsten der Herrschenden immer mehr durchschaut und jenes (seit den Karolingern auch im Westen herrschende) Gottesgnadentum der Fürsten auf natürliche Gegebenheiten (kündbarer Staatsvertrag) zurückgeführt worden war, schlug auch die Stunde des Absolutismus: Der König wurde guillotiniert, der Adel dezimiert, viele Kleriker gehenkt, vertrieben oder in Disziplin genommen und der christliche Gott durch die atheistische Göttin „Vernunft" ersetzt.

Die Moderne hatte ihre Klimax erreicht und machte sich daran, das 19. Jahrhundert zu erobern; die philosophisch-wissenschaftliche Revolution hatte in der *politischen Revolution* ihr Pendant gefunden und konnte schließlich in der industriellen Revolution ihre ganze gigantische Macht zeigen. Die christliche Religion, die seit Konstantin Europa dominiert hatte, wurde zum ersten Mal in der europäischen Geschichte gewaltsam exekutiert und, wo sie überlebte, von den Aufgeklärten bestenfalls toleriert, mehr und mehr aber ignoriert, verdrängt und oft auch unterdrückt.

Blaise Pascal, der Homo mathematicus, der Homo faber, der Physiker, Konstrukteur und Organisator, war ein durch und durch moderner Wegweiser für Naturwissenschaft, Technologie und selbst – in Anfängen – für die Industrie. Aber Pascal, der Homo religiosus, der Homo christianus, konnte dieser Wegweiser in die Moderne kaum in gleicher Weise sein. Bei allen genialen Einsichten in das widersprüchliche Wesen des Menschen schaut er, der Christ, der sich nicht Jansenist nennen will, in Sachen des Glaubens zurück zu dem immer von neuem gepriesenen und zitierten Augustin, der das mittelalterliche Paradigma von Theologie und Frömmigkeit grundgelegt hat. Mitten im Übergang vom mittelalterlich-gegenreformatorischen zum modernen Paradigma bleibt Pascals Position für uns *zwiespältig*. Modern und mittelalterlich zugleich: fortschrittlich-dynamisch-prospektiv im wissenschaftlich-technologischen Bereich, aber statisch-konservativ-ungeschichtlich in Kirchenlehre, Kirchenmoral, Kirchendisziplin. Nein, vom Menschen der modernen Zeit konnte man vieles an Hingabe und Engagement erwarten, aber gewiss nicht, dass er heimlich einen Stachelgürtel auf dem bloßen Leib trage, um ihn sich beim bloßen Gedanken an Stolz oder weltliche Freude, beim Lob schöner Frauen oder der Liebkosung von Kindern in die Haut zu pressen …

Noch einmal – bei allem Respekt: Dieser Religiosität haftet etwas Elitäres, Puritanisch-Prüdes an, es ist eine spiritualistische Spiritualität der „wenigen Auserwählten" gegen die Masse der Ungläubigen. „J'ose prendre le parti de l'humanité contre le misanthrope sublime – Ich wage es, Partei für die Humanität zu ergreifen gegen den erhabenen Menschenfeind", wird Voltaire – bei all seiner Spötterei gut französisch doch ein Moralist – in seinen „Bemerkungen zu den Pensées" (1734 in seinen „Lettres philosophiques") schreiben, und hat er ganz unrecht?

Wie immer man aber zu Pascal im einzelnen steht, ob mit Voltaire und den Enzyklopädisten, mit Aldous Huxley und manchen Marxisten sehr kritisch oder mit zahllosen

Philosophen, Theologen und Literaten von Chateaubriand bis Charles Péguy voll der Bewunderung, man wird es zugeben müssen: Während Descartes, der bedeutendste Philosoph des französischen 17. Jahrhunderts, heute fast nur noch von Philosophen gelesen wird und der Hofbischof Bossuet, der einflussreichste Theologe und Prediger desselben Jahrhunderts, bestenfalls nur noch von historischem Interesse ist, gilt von Pascal: „Nach drei Jahrhunderten steht er da, mitbeteiligt an unseren Streitfragen, ein Lebendiger. Auch seine geringsten Gedanken verwirren, entzücken und ärgern uns, aber er wird augenblicklich, schon beim ersten Wort, verstanden, viel besser als zu seinen Lebzeiten ...“ (François Mauriac).

C.
Vertrauen durch Liebe

I. Der Sinn der Bergpredigt

„Die Botschaft Jesu, wie ich sie verstehe, ist enthalten in seiner Bergpredigt. Der Geist der Bergpredigt konkurriert unter ziemlich gleichen Bedingungen mit der Bhagavadgita um die Herrschaft meines Herzens. Es ist diese Predigt, die mir Jesus lieb gemacht hat", so bekennt kein Geringerer als Mahatma Gandhi. Die Bergpredigt, in der Matthäus und Lukas die ethischen Forderungen Jesu – kurze Sprüche und Spruchgruppen hauptsächlich aus der Logienquelle Q – gesammelt haben, hat Christen und Nichtchristen, hat auch Jakobiner der Revolution und den Sozialisten Kautsky, hat Leo Tolstoi wie Albert Schweitzer immer wieder neu herausgefordert. Was will die Bergpredigt?

Gottes Wille geschehe

Eines jedenfalls sicher nicht: Sie will keine verschärfte Ethik des Gesetzesgehorsams sein. Irreführend hat man sie bisweilen – zum Ersatz des jüdischen Gesetzes – als „Gesetz Christi" bezeichnet. In der „Bergpredigt" aber wird gerade das angesprochen, was nicht Gegenstand einer gesetzlichen Regelung werden kann. Gerade das Gebot der Liebe soll ja nicht ein neues Gesetz sein. Vielmehr: Ganz konkret zugreifend, fern aller Kasuistik und Gesetzlichkeit, unkonventionell und treffsicher ruft Jesus den Einzelnen zum Gehorsam gegen Gott auf, der sein ganzes Leben umfassen soll. Einfache, durchsichtige, befreiende Appelle, die auf Autoritäts- und Traditionsargumente verzichten, aber Beispiele, Zeichen, Symptome für das veränderte Leben angeben. Große helfende, oft bewusst überspitzt formulierte Weisungen ohne alles Wenn und Aber: Bringt dich dein Auge zu Fall, so reiße es aus! Deine Rede sei ja, ja und nein, nein! Versöhne dich zuerst mit deinem Bruder! Die konkrete Anwendung auf sein Leben hat jeder selbst zu vollziehen.

Eine quantitative Steigerung der Forderungen ist mit der „besseren Gerechtigkeit" oder der „Vollkommenheit" jedenfalls nicht gemeint. Jesus verwirklicht, wie die Antithesen der Bergpredigt erkennen lassen, gerade nicht jenen Gehorsam gegenüber Jota und Häkchen des Gesetzesbuchstabens, den ein judenchristliches Logion, welches von Matthäus zitiert wird, fordert. Damit würde der Gehorsam – in diesem Fall nicht liberal, sondern ultrakonservativ – entschärft. Seine Botschaft ist überhaupt nicht eine Summe von Geboten. Ihm nachzufolgen bedeutet nicht die Ausführung einer Anzahl von Vorschriften. Nicht umsonst stehen an der Spitze der Bergpredigt Glücksverheißungen für die Unglücklichen. Das Geschenk, die Gabe, die Gnade geht der Norm, der Forderung, der Weisung voraus: Jeder ist gerufen, jedem das Heil angeboten, ohne alle Vorleistungen. Und die Weisungen selber sind Konsequenzen seiner Botschaft vom Gottesreich. Nur beispielhaft, zeichenhaft nimmt er Stellung.

Dies ist der Generalnenner der Bergpredigt: Gottes Wille geschehe! Gottes Forderung unterläuft, überschreitet und durchbricht die weltlichen Begrenzungen und rechtlichen Ordnungen. Die herausfordernden Beispiele der Bergpredigt wollen gerade nicht eine gesetzliche Grenze angeben: nur die linke Wange, zwei Meilen, den Mantel – dann hört die Gemütlichkeit auf. Gottes Forderung appelliert an die Großzügigkeit des Menschen, tendiert auf ein Mehr. Ja, sie geht auf das Unbedingte, das Grenzenlose, das Ganze. Kann Gott mit einem begrenzten, bedingten, formalen Gehorsam – nur weil etwas geboten oder verboten ist – zufrieden sein? Da würde ein Letztes ausgespart, was alle noch so minutiösen Rechts- und Gesetzesbestimmungen nicht fassen können und was doch über die Haltung des Menschen entscheidet.

Gott will mehr: Er beansprucht nicht nur den halben, sondern den ganzen Willen. Er fordert nicht nur das kontrollierbare Äußere, sondern auch das unkontrollierbare Innere – des Menschen Herz. Er will nicht nur gute Früchte, sondern den guten Baum. Nicht nur das Handeln, sondern das Sein. Nicht etwas, sondern mich selbst, und mich selbst ganz und gar.

Das meinen die verwunderlichen Antithesen der Bergpredigt, wo dem Recht der Wille Gottes gegenübergestellt wird: Nicht erst Ehebruch, Meineid, Mord, sondern auch das, was das Gesetz gar nicht zu erfassen vermag, schon die ehebrecherische Gesinnung, das unwahrhaftige Denken und Reden, die feindselige Haltung sind gegen Gottes Willen. Jegliches „Nur" in der Interpretation der Bergpredigt bedeutet eine Verkürzung und Abschwächung des unbedingten Gotteswillens: „nur" eine bessere Gesetzeserfüllung, „nur" eine neue Gesinnung, „nur" ein Sündenspiegel im Licht des einen gerechten Jesus, „nur" für die zur Vollkommenheit Berufenen, „nur" für damals, „nur" für eine kurze Zeit … Im Hinblick auf das Letzte und Endgültige, das Gottesreich, wird eine grundlegende Veränderung des Menschen erwartet. Die Bergpredigt ist zunächst an den Einzelnen gerichtet und tendiert nicht direkt auf eine neue Staats- und Rechtsordnung. Doch wer süffisant meint, mit der Bergpredigt sei „kein Staat zu machen", der übersieht ihre Implikationen und Konsequenzen für Staat und Gesellschaft.

Jesu Forderungen sind radikal. Drei Beispiele, die sich leicht nicht nur auf einzelne Individuen, sondern auf gesellschaftliche (auch ethnische, nationale, religiöse) Gruppen anwenden lassen:

– Verzicht auf Rechte zugunsten des Anderen: mit dem zwei Meilen gehen, der mich gezwungen hat, eine mit ihm zu gehen.

– Verzicht auf Macht auf eigene Kosten: dem auch noch den Mantel geben, der mir den Rock abgenommen hat.

– Verzicht auf Gegengewalt: dem die linke Backe hinhalten, der mich auf die rechte geschlagen hat.

Gerade diese letzten Beispiele zeigen noch deutlicher als alles Frühere: Jesu Forderungen dürfen nicht als wörtlich zu befolgende absolute Gesetze missverstanden werden. Sie sind und bleiben ethische Appelle. Jesus vertritt nicht die Meinung: Bei einem Schlag auf die linke Backe ist Vergeltung nicht erlaubt, wohl aber bei einem Stoß in den Magen. Gewiss sind diese Beispiele nicht nur symbolisch gemeint: Es sind sehr bezeichnende (und öfters in typisch orientalischer Übertreibung formulierte) Grenzfälle, die jederzeit Wirklichkeit werden können. Aber sie sind nicht gesetzlich gemeint: als ob nur dies und immer wieder dies geboten wäre. Verzicht auf Gegengewalt meint nicht von vornherein Verzicht auf jeden Widerstand. Jesus selber hat nach den Berichten bei einem Schlag auf die Wange vor Gericht keineswegs die andere Wange hingehalten, sondern aufbegehrt. Verzicht darf nicht mit Schwäche verwechselt werden. Es geht bei den Forderungen Jesu nicht um ethische oder gar asketische Leistungen, die aus sich selber einen Sinn hätten. Es geht um drastische Appelle zur radikalen Erfüllung des Willens Gottes von Fall zu Fall zugunsten des Mitmenschen. Aller Verzicht ist nur die negative Seite einer neuen positiven Praxis.

Hier kommt zum Ausdruck, inwiefern nicht nur ein allgemeines Ethos der Humanität, sondern auch das jüdische Ethos radikalisiert wird. Sogar die zehn Gebote des Dekalogs erscheinen im Lichte der Botschaft Jesu von der „besseren Gerechtigkeit" im dreifachen Sinn des Wortes „aufgehoben": fallengelassen und doch bewahrt, weil auf eine höhere Ebene gehoben.

Es bedarf nicht vieler Worte, um deutlich zu machen, welche ungeheure Herausforderung die Bergpredigt für die Christenheit selbst ist. Jede ihrer Aussagen wird zu einer Frage an die Christenheit als ganze, an die verschiedenen Kirchen und Gruppen und an die einzelnen Christen. Wir sind dazu herausgefordert:

– nicht nur keine anderen Götter neben dem einen Gott zu haben, sondern Gott zu lieben „von ganzem Herzen" und den Nächsten, sogar den Feind, wie sich selbst;

– nicht nur den Namen Gottes nicht unnütz auszusprechen, vielmehr auch bei Gott nicht zu schwören;

– nicht nur den Sabbat durch Ruhe zu heiligen, sondern am Sabbat aktiv das Gute zu tun;

– nicht nur Vater und Mutter zu ehren, um lange zu leben auf Erden, sondern falls um des echten Lebens willen notwendig, die natürlichen menschlichen Zusammenhänge hintanzustellen;

– nicht nur nicht zu töten, sondern schon tötende Gedanken und Worte zu unterlassen;

– nicht nur nicht ehezubrechen, sondern schon ehebrecherische Absichten zu meiden;

– nicht nur nicht zu stehlen, sondern auf das Recht der Vergeltung für erlittenes Unrecht zu verzichten;

– nicht nur kein falsches Zeugnis abzulegen, sondern in uneingeschränkter Wahrhaftigkeit das Ja ein Ja und das Nein ein Nein sein zu lassen;

– nicht nur nicht zu begehren seines Nächsten Haus, sondern sogar Böses zu erdulden;

– nicht nur nicht zu begehren seines Nächsten Frau, sondern die an sich legale Ehescheidung zu vermeiden.

Die Liebe als Erfüllung des Gesetzes

Von daher versteht sich, warum der Apostel Paulus – auch hier in auffälliger Übereinstimmung mit dem Jesus der Geschichte – im Recht war, wenn er die Überzeugung äußerte, wer liebe, habe das Gesetz erfüllt! Und nach Augustin hat man es noch zugespitzter formuliert: „Ama, et fac quod vis – Liebe, und tue, was du willst!" Kein neues Gesetz, sondern eine neue Freiheit der Liebe. Liebe hier nicht verstanden als primär sentimental-emotionale Zuneigung (die man ja unmöglich jedem Menschen entgegenbringen kann), sondern als wohlwollendes hilfsbereites Dasein-für-Andere. Diese Liebe hat Jesus in seinem ganzen Lehren und Verhalten, Kämpfen und Leiden verkörpert. Und hätte er nicht dieses außerordentliche Geschick gehabt – ein Leben und Sterben für seine „gute Botschaft", sein „Evangelium" –, so wäre uns wohl kaum so etwas wie die Bergpredigt überliefert worden.

Ist diese Botschaft der Liebe vielleicht allzu abstrakt? Ist das Hohelied der Liebe, das Paulus in seinem ersten Schreiben an die Gemeinde von Korinth ganz im Geist Jesu anstimmt, allzu abgehoben? Besser als alle Kasuistik vermögen einige einfache Antithesen eines mir unbekannten Autors deutlich zu machen, wie sehr eine andere Grundhaltung das Leben höchst konkret zu verändern vermag:

Pflicht ohne Liebe macht verdrießlich;
Pflicht in Liebe ausgeübt macht beständig.
Verantwortung ohne Liebe macht rücksichtslos;
Verantwortung in Liebe ausgeübt macht fürsorglich.
Gerechtigkeit ohne Liebe macht hart;
Gerechtigkeit in Liebe ausgeübt macht zuverlässig.
Erziehung ohne Liebe macht widerspruchsvoll;
Erziehung in Liebe ausgeübt macht geduldig.
Klugheit ohne Liebe macht gerissen;
Klugheit in Liebe ausgeübt macht verständnisvoll.
Freundlichkeit ohne Liebe macht heuchlerisch;
Freundlichkeit in Liebe ausgeübt macht gütig.
Ordnung ohne Liebe macht kleinlich;
Ordnung in Liebe ausgeübt macht großzügig.
Sachkenntnis ohne Liebe macht rechthaberisch;
Sachkenntnis in Liebe ausgeübt macht vertrauenswürdig.
Macht ohne Liebe macht gewalttätig;
Macht in Liebe ausgeübt macht hilfsbereit.
Ehre ohne Liebe macht hochmütig;
Ehre in Liebe ausgeübt macht bescheiden.
Besitz ohne Liebe macht geizig;
Besitz in Liebe ausgeübt macht freigebig.
Glaube ohne Liebe macht fanatisch;
Glaube in Liebe ausgeübt macht friedfertig.

II. Versöhnung wird möglich

Ich bin mir des Risikos voll bewusst, nicht nur gegenüber Christen, sondern auch gegenüber Juden die Bergpredigt des Neuen Testaments als Spiegelbild hinzustellen, auch wenn es sich bei der Bergpredigt gewiss nicht um eine Drohbotschaft, sondern ganz gewiss um eine Frohbotschaft handelt. Christen wie Nichtchristen haben dies bezeugt. Und gleich hinzugefügt werden muss: Wie oft wurde im Verlauf einer langen Geschichte die Bergpredigt von den Christen selber verraten – nicht zuletzt auch Juden gegenüber ...!

Wider die Selbstgerechtigkeit

Freilich: Widerlegt wurde diese Botschaft trotz einer monströsen Missbrauchsgeschichte keineswegs. Im Gegenteil. Die Sache selbst erwies sich umso dringender, die Sache des Juden von Nazaret, wie sie von den Juden, die seine ersten Jünger waren, aufgenommen wurde. Dabei müssen wir uns an dieser Stelle nicht auf die Probleme der Text- und Literarkritik einlassen. Dass Jesus von Nazaret nicht wirklich auf einem „Berge" gesessen hat, um wortwörtlich so zu „predigen", wie der Evangelist Matthäus es uns glauben macht, ist heute Gemeingut der Exegese. Schon die Parallelpassage im Lukasevangelium handelt nicht von einer „Berg"-, sondern von einer „Feldpredigt". Nein, in diesen von den beiden Evangelisten Matthäus und Lukas gesammelten und redigierten Texten handelt es sich um kurze Sprüche und Spruchgruppen hauptsächlich aus der Logienquelle Q, in denen die Predigt des Nazareners ein spezifisches Profil bekommt, ein Profil, das auch nicht dadurch verwässert wird, dass wir heute auf zahlreiche Parallelen zwischen einzelnen Sätzen der Bergpredigt und der Hebräischen Bibel oder der rabbinischen Literatur hinweisen können. Gerade so wird das Einzigartige der Botschaft Jesu deutlich. Bei ihm finden sich diese Sätze eben nicht vereinzelt, sondern geballt und kompakt, sozusagen personifiziert. Ist doch seine Lehre zugleich gedeckt durch sein Leben, Verhalten, sein ganzes Geschick.

Die Frage, die sich für mich in diesem Zusammenhang stellt, ist die folgende: Wenn man die Bergpredigt seiner eigenen Glaubensgemeinschaft gegenüber stets selbstkritisch ins Spiel gebracht hat, muss es dann nicht erlaubt sein, diese für den Juden Jesus so charakteristische Botschaft auch seinem eigenen Volk gegenüber zur Sprache zu bringen – ohne alle christliche Selbstgerechtigkeit und Arroganz? Und wenn die Glaubensgemeinschaft der Christen sich stets kritisch messen lassen muss an der in der Bergpredigt zur Sprache kommenden Herausforderung zur Vergebungsbereitschaft und zum Rechts- und Machtverzicht, wäre es dann unangebracht, dies dem Volk der Juden oder irgendeinem Volk gegenüber zu verschweigen? Dabei setze ich als bekannt voraus, dass es sich bei der Bergpredigt nicht nur um eine rein private Botschaft für die persönlichen und familiären Beziehungen, sondern um eine Botschaft mit politischen Implikationen handelt. Sie macht eine Gesellschaftsordnung und Staatsverfassung, die staatliche Gewalt und Rechtsordnung, Polizei und Armee zwar nicht überflüssig, relativiert sie aber von der Wurzel her: durch ihr Ziel einer Bekehrung der „Herzen".

Bereitschaft zur Vergebung?

Das Vergeben von Schuld unter Menschen ist nicht „natürlich", ist keine Selbstverständlichkeit. Schon im Anschluss an den Holocaust habe ich gegen das Verewigen und für ein Vergeben (nicht Vergessen) der Schuld plädiert, da man nur so zu einer Versöhnung zwischen Israelis und Deutschen, Juden und Christen kommen könne. Aber wann immer ich mich privat oder öffentlich gegen das Vergessen und zugleich für das Vergeben der übergroßen Schuld ausgesprochen habe, wurden mir von jüdischer Seite hauptsächlich zwei Antworten gegeben:

– Wer an Gott glaubt, sagt: Das Vergeben ist nicht unsere, sondern Gottes Sache; nur er kann Schuld, und gerade diese Schuld, vergeben.

– Wer nicht an Gott glaubt, wendet ein: Nicht die Lebenden, nur die Opfer selber können die Schuld vergeben. Und da die Opfer nicht mehr unter den Lebenden sind, müssten die Schuldigen mit der Schuld leben.

In beiden Fällen also: keine Vergebung zwischen Mensch und Mensch, Volk und Volk, vielmehr das Ertragen einer ewigen Schuld. Auf diese Weise kann die deutsche Schuld gegenüber Juden niemals enden – nicht in dieser Generation noch in der nächsten. Genau mit einer solchen Begründung hatte etwa Ministerpräsident Begin die bedingungslose Unterstützung des israelischen Staates durch die Deutschen einfordern wollen. Was ist darauf zu antworten?

– Dass nur die *Toten* Schuld vergeben könnten, klingt gerade bei denen, die unbedingt die Schuldscheine für die „zweite", „dritte" und wievielte Generation bewahren möchten, nicht überzeugend. Nehmen ja doch auch die Überlebenden des Holocausts und ihre Nachkommen die Schuldbekenntnisse wie die materielle Wiedergutmachung stellvertretend für die Opfer gerne entgegen. Warum sollen sie also nicht stellvertretend dann auch verzeihen können? So wie etwa Kinder Beleidigungen ihrer verstorbenen Eltern verzeihen können – um des Friedens zwischen den Familien willen?

– Dass nur *Gott* die Schuld vergeben könne, widerspricht der jüdischen Tradition. Zwar wird die Vergebung von Mensch zu Mensch in der Hebräischen Bibel kaum gefordert. Aber sie ist doch zumindest im Talmud vereinzelt bezeugt. Ja, schon in dem allerdings nur in griechischer Übersetzung überlieferten (und deshalb nichtkanonischen) Buch des Jesus Sirach aus dem 2. Jahrhundert v. Chr. lesen wir: „Denk an das Ende, lass ab von der Feindschaft ... denk an den Bund des Höchsten, und verzeih die Schuld."

Doch Vorsicht: Wie oft haben auch Christen einander und anderen die Schuld nicht vergeben? Und wie oft hat man im Lauf der Jahrhunderte zwischen „christlichen Nationen" statt nach Vergebung nach Rache gerufen, was zu einer Verhärtung der Herzen der Völker, zu immer neuem Hass und schließlich zu neuem Krieg führen musste. Das zeigt jene durch Jahrhunderte vom gegenseitigen „Revanche"-Gedanken beherrschte, unversöhnliche „Erb-Feindschaft" zwischen Frankreich und Deutschland – mit dem Resultat von drei großen Kriegen und einem Vielfachen der sechs Millionen jüdischer Toten!

Ich frage: Ob in dieser Situation nicht gerade die Botschaft Jesu eine Herausforderung für Juden und Christen sein könnte? Denn nicht nur irgendwo, nebenbei, sondern ganz zentral findet sich bei Jesus die Forderung: Es gibt keine Versöhnung mit Gott ohne Versöhnung mit dem Bruder! Die göttliche Vergebung ist gebunden an die Vergebung der Menschen untereinander! Deshalb findet sich im Vaterunser nach den Bitten um das Kommen des Reiches Gottes und das Geschehen seines Willens die Bitte: „Vergib uns unsere Schuld, wie auch wir vergeben unsern Schuldigern". Der Mensch kann nicht Gottes große Vergebung empfangen und seinerseits den Mitmenschen die kleine Vergebung verweigern; er soll die Vergebung weitergeben! Das ist der Sinn der Parabel vom großmütigen König, der seinem Minister eine Riesensumme an Schulden vergibt: Jesus verurteilt die Handlungsweise des Ministers ungewöhnlich scharf, weil dieser nach dem großen Schuldenerlass nun seinerseits seinen eigenen Schuldner wegen einer kleinen Summe ins Gefängnis werfen lässt.

Das also scheint das bis heute Provozierende an dieser Botschaft: Jesus plädiert für eine Vergebungsbereitschaft *ohne Grenzen*: nicht siebenmal, sondern siebenundsiebzigmal – also immer wieder, endlos. Und jedem ohne Ausnahme. Ihm selber, aufgehängt am Kreuzesgalgen, wird denn auch noch in der letzten Stunde ein Wort der Vergebung in den Mund gelegt: „Vater, vergib ihnen, denn sie wissen nicht, was sie tun."

Und charakteristisch für Jesus erscheint in diesem Zusammenhang auch die Untersagung des Richtens: Nicht meinem Urteil untersteht der andere; alle unterstehen letztlich Gottes Urteil. Bei Jesus heißt es also gerade nicht: Gott allein kann vergeben, wohl aber: Gott allein soll richten. Die Menschen aber sollen einander vergeben.

Manche Juden werden einwenden, ein solches Ethos sei unrealistisch und überzogen. Wirklich? Dabei gilt es, von vornherein ein Missverständnis abzuwehren. Jesu Forderung nach Vergebung ist nicht juristisch zu interpretieren. Es wird damit kein neues Gesetz aufgerichtet, nach dem Prinzip: 77-mal soll man vergeben, aber beim 78. Mal nicht. Aus Jesu Forderung kann man also nicht einfach ein Staatsgesetz machen; die Gerichte der Menschen sind deshalb nicht außer Kraft gesetzt. Aber Jesu Forderung ist ein sittlicher Appell an die Großherzigkeit und Großzügigkeit des Menschen, an den einzelnen Menschen – unter Umständen aber auch an die Repräsentanten der Staaten – in einer ganz bestimmten Situation das Gesetz sozusagen zu unterlaufen: zu vergeben und immer wieder neu zu vergeben.

Europa, leidgeprüft, hatte das Glück, dass mitten aus der Katastrophe heraus Staatsmänner vom Format eines Charles de Gaulle, Konrad Adenauer, Maurice Schumann, Jean Monnet, Alcide de Gasperi u. a. auftraten, die Europa nicht bloß technokratisch à la Bruxelles organisieren, sondern von politisch-ethisch-religiösen Impulsen her neu inspirieren und verändern wollten. Sie vermochten so einen neuen Anfang zu setzen und eine echte Verständigung heraufzuführen, die alte Feindschaften begrub und heute einen neuen Krieg zwischen europäischen Völkern, Franzosen und Deutschen insbesondere, als völlig undenkbar erscheinen lässt. Und wie sehr das gegenseitige Verzeihen eine religiöse Basis hatte, zeigten de Gaulle und Adenauer durch die bewegende Versöhnungsfeier in der Krönungskathedrale der französischen Könige zu Reims.

Echte Verständigung

Keine Frage: Dies war christlich gehandelt; aber sollte dies deshalb unjüdisch sein? Dass ein Rabbi und früherer Knessetabgeordneter wie Meir Kahane „Vergeltung" als „ein ureigenes jüdisches Konzept" verkündet hat, machte ihn zum Helden nicht nur einiger Extremisten im jüdischen Staat – aber zugleich auch zum Opfer eines Attentäters. Und das hier viel zitierte und leider auch in „christlicher" Politik allzuviel praktizierte „Aug um Aug, Zahn um Zahn"? Kundige wissen, dass dieser Satz der Bibel ursprünglich nicht im Sinne maximaler Vergeltung, sondern im Sinne der Schadensbegrenzung gedacht war: nicht mehr als „ein" Auge, nicht mehr als „ein" Zahn.

Nein, es entspricht durchaus tiefer jüdischer Frömmigkeit, was in dem Psalmwort zum Ausdruck kommt, und was dann auch die Christen von den Juden gelernt haben: „Aus der Tiefe rufe ich, Herr, zu dir. Würdest du, Herr, unsere Sünden anrechnen, Herr, wer könnte da bestehen? Doch bei dir ist Vergebung." Ja, wer könnte da bestehen: die Deutschen oder die Schweizer, die Amerikaner oder die Israelis …?

„Doch bei dir ist Vergebung": Es soll uns unsere Schuld „nicht angerechnet", also „verziehen" werden. Und dieses Vergeben, dieses Verzeihen, dieses Erbarmen, von Gott den Menschen geschenkt – das ist Jesu Forderung –, soll von den Menschen weitergegeben werden: „Hättest du nicht auch mit jenem … Erbarmen haben müssen, so wie ich mit dir Erbarmen hatte?", so bei Lukas die Antwort des Königs an den unbarmherzigen Minister. Allerdings: Vergeben kann man nicht verlangen – auch nicht nach Milliarden der Wiedergutmachung. Um Vergebung kann man nur bitten! Vergeben ist ein Geschenk, ist Gnade. Meine Frage wird von daher verständlich: Könnte es sich nicht lohnen, zwischen Deutschen und Israelis, Christen und Juden gerade über das Vergeben – ohne alles Vergessen, Beschönigen, Verdrängen, Entschuldigen und Rechtfertigen – in historisch-politisch-theologischer Perspektive nachzudenken und in einem freien, offenen, verständigen Dialog miteinander zu reden: als tragfähige Basis für eine konstruktive Zusammenarbeit?

Dazu eine Überlegung, welche die unmittelbare Gegenwart, aber auch die Zukunft betrifft: Bald ein halbes Jahrhundert ist es seit dem Holocaust her, und gerade jetzt werden in den Vereinigten Staaten neben den vielen kleineren Holocaust-Gedenkstätten (ganz neu 1990 etwa mit einem Aufwand von drei Millionen Dollar ein 20 Meter hoher bronzener „Arm der sechs Millionen" in Miami-Beach) drei neue Holocaust-Museen an zentralen Plätzen auf geschenktem öffentlichem Grund in Washington, New York und Los Angeles erstellt – keines unter 100 Millionen Dollar Baukosten. Man versteht es, dass die langsam aussterbende Holocaust-Generation die Erinnerung an den Holocaust wachhalten will, ja dass für viele amerikanische Juden der Holocaust zur Identitätsfindung heutzutage wichtiger ist als der Glaube an den Gott Abrahams, Isaaks und Jakobs. Und kein Zweifel: Der Kampf gegen das Vergessen des Holocausts ist mehr als legitim.

Und doch fragen sich auch manche amerikanische Juden: Holocaust-Museen – warum gerade in Amerika und gerade jetzt? Ein Alibi für eigene Versäumnisse? Eine auf Dauer angelegte politische Aktion? Warum aber wehren sich manche Juden dagegen, neben den sechs Millionen Juden auch der fünf Millionen Getöteten aus anderen Völkern (Slawen, Zigeuner usw.) zu gedenken? Und warum wurde gerade von Seiten des israelischen Botschafters und anderer Juden Protest laut, dass man am 24. April 1990 in den USA einen Gedenktag für die fast zwei Millionen (christlicher) Armenier feierte, welche 1915 von den Türken brutal und gnadenlos ermordet wurden? Ob eine Monopolisierung des Leides nicht allzu leicht das Leid übersehen lässt, das anderen zugefügt wurde? Und was würde man wohl sagen, wenn die rund 600 000 Muslime New Yorks ein Museum auf öffentlichem Grund für die aus Palästina vertriebenen Palästinenser, die israelische Besatzungspolitik und die mehr als tausend Opfer der Intifada fordern wollten?

Mir steht ein Urteil nicht zu, aber ich darf es offen gestehen: Der notwendigen Erinnerung an den Holocaust angemessener, der Opfer des Holocausts würdiger und zur Bekämpfung des Antisemitismus wirksamer wäre es gewesen, statt der kunstvoll-prunkvoll restaurierten Erinnerung an das unvorstellbare Grauen jetzt Tempel des Friedens und der Versöhnung – zum gemeinsamen Gedenken, Bitten und Gespräch – zu schaffen, in denen sich die Retrospektive auf die tödliche Vergangenheit verbände mit der Prospektive auf einen lebendigen Neubeginn. Ein „Temple of Understanding" (so der Name einer weltweiten Organisation aus Juden, Christen, Muslimen und anderen Religionen zur religiösen Verständigung): ganz wörtlich verstanden ein Tempel des Verstehens, wie etwa die berühmte ökumenische Kapelle in Houston/Texas, die von der Christin Dominique de Menil gestiftet und vom jüdischen Maler Mark Rothko mit monumentalen schwarz-grauen mystischen Farbfeldern ausgestattet wurde.

Beispiele einer konkreten aktiven Versöhnung gibt es. Und ein besonders bewegendes gibt der Direktor des Leo-Baeck-Instituts in London, der in Deutschland geborene Rabbiner Albert H. Friedlander, der 1988 ziemlich genau fünfzig Jahre nach seinem Weggang aus Deutschland statt einen längeren Studienaufenthalt in Jerusalem zum Unbehagen seiner Londoner Gemeinde einen Studienaufenthalt in Deutschland wählte, als prominenter Gastprofessor, Redner und Gesprächspartner. Nein, er hatte nichts vergessen (auch nicht jene Schweizer Grenzpolizisten, die 1940 den Onkel seiner Frau auf der Flucht vor den Nazis ergriffen und ihn nach guter Verpflegung über die Grenze zurückschickten, so dass er in Auschwitz sein Ende fand). Warum also wollte er nach Deutschland? Nicht um zu vergessen, wohl aber um Versöhnung zu suchen, um nach dunkler Nacht im langsamen Morgengrauen einen „weißen Strich am Horizont", einen „Streifen Gold" ... zu sichten. Dies könne „auch zwischen Menschen geschehen, auch im Bereich der Versöhnung". „Ich wollte nach Deutschland gehen, um den Anfang einer inneren Reise in Richtung Versöhnung zu finden. Die Versöhnung selbst liegt in der Zukunft, weil ich nicht den inneren Weg der Deutschen und Deutschlands bestimmen kann."

Es gibt aber auch schon jetzt ungezählte Juden in der Welt, die in der Gegenwart aktiv Versöhnung nicht nur zwischen Juden und Christen, sondern zwischen Juden und Deutschen leben und praktizieren. Einer sei stellvertretend genannt: der Sohn des in Theresienstadt ermordeten bedeutenden deutschen Rabbiners Dr. Leopold Lucas, Generalkonsul Franz Lucas (London), der an der Universität Tübingen einen Preis für Völkerversöhnung in Höhe von 50 000 DM stiftete, der jährlich an Geisteswissenschaftler vergeben wird.

III. Thomas More – Der Preis der Freiheit

Ist dies das Gesicht eines Heiligen? gewiss, ein wundervolles Gesicht: ruhig überlegene, kritische, ja fast skeptische und doch nicht harte, sondern gütige Augen; Nase und Mund gezeichnet durch Zucht und Maß, durch ungezwungene Sicherheit und Festigkeit; in allem ein natürlicher und schlichter Zug, der dieses Gesicht sympathisch macht. Ein feines und starkes Gesicht, aber das Gesicht eines „Heiligen"?

Ein Heiliger in der Welt?

Man kann von ihm fast die Vergangenheit dieses großen Mannes ablesen, der 1477 oder ein Jahr später in London geboren wurde: mit vierzehn Jahren schon Student in Oxford und dann in London, mit neunzehn Jahren Freund des Erasmus von Rotterdam und selbst ein glänzender Humanist und Jurist, mit sechsundzwanzig Jahren Parlamentsabgeordneter und dann Untersheriff der Stadt London und juristischer Lektor in Lincolns Inn, mit siebenunddreißig Jahren Diplomat und Gesandter, mit dreiundvierzig Jahren Unterschatzmeister von England und dann Sprecher des Unterhauses sowie Kurator der Universitäten von Cambridge und Oxford, mit einundfünfzig Jahren schließlich Lordkanzler und erster Staatsmann des Reiches. Das ist Sir Thomas More, dessen Bild („unermesslich viel schöner als jede Reproduktion davon") uns Hans Holbein geschenkt hat. Aber noch einmal die Frage: Ist es das Bild eines Heiligen?

Die Frage ist nicht belanglos für Christen, die versuchen, in der Welt nach dem Evangelium zu leben. Sie kann, weil nicht nur theoretisch abstrakt gestellt, sondern an einen konkret existierenden Menschen gebunden, eine sehr dringliche Testfrage werden nach der eigenen christlichen Existenz in der Welt. Nur zu oft sehen sich Christen vor die Frage gestellt, ob es denn überhaupt möglich sei, in der Welt nicht nur irgendwie, sondern nach dem Evangelium zu leben. Ob man denn, wenn man wahrhaft nach dem Evangelium leben wolle, nicht vielmehr die Welt zu verlassen und sich in die Wüste oder ins Kloster zurückzuziehen habe? Thomas More lebte in der Welt, ja er war, was man nennt: ein Mann von Welt. Weltgewandt, selbstsicher, überlegen, mit perfekten Umgangsformen (schon als Knabe hatte er sie im Haus des Lordkanzlers Morton gelernt), beherrschte dieser große Gelehrte, Diplomat und Redner nicht nur das Latein, sondern auch – womit sich die ersten Humanisten hart abzumühen hatten – das Griechische und brachte es zugleich in der englischen Prosa zu höchster Meisterschaft.

Mit den größten Gelehrten nicht nur Englands (Colet, Grocyn, Linacre), sondern ganz Europas war er persönlich bekannt und führte er einen ausgedehnten Briefwechsel: mit dem Spanier Vives, mit dem Franzosen Budé, mit dem Niederländer Erasmus; Holbein war lange Zeit sein Gast. Seine Geschichte Richards III., welche auf Shakespeare einen tiefen Einfluss ausübte, eröffnete die moderne englische Geschichtsschreibung. Seine „Utopia", der eine ganze Reihe von „Idealstaaten" folgte, ist mit Machiavellis in den gleichen Jahren erschienenem „Principe" das einflussreichste Buch über den Staat im 16. Jahrhundert. Aber dieser Weltmann von überragender Intelligenz, eiserner Entschlossenheit, hohem Gerechtigkeitssinn und furchtlosem Auftreten (davon hatte er schon als junger Parlamentarier in einer Finanzdebatte gegen den habgierigen Heinrich VII. unbekümmert um Gefahren Zeugnis abgelegt) war zugleich von einer Bescheidenheit, Freundlichkeit, Liebenswürdigkeit, die bezauberten. Ein tiefer Ernst paarte sich bei diesem „Mann für alle Jahreszeiten" mit einem sprichwörtlich gewordenen Humor. Schon als kleiner Page ein vorzüglicher Schauspieler (er schrieb auch selbst kleine Stücke), war er nach Sokrates einer der größten Meister der Ironie, so dass ihm Erasmus mit einer Anspielung auf Mores Namen sein volkstümlichstes Werk, das „Lob der Narrheit" („Moriae Encomium"), gewidmet hat. More verstand es, seine Späße mit einem solch feierlichen Gesicht vorzutragen, dass er seine eigene Familie immer wieder verblüffte; Scherz und Ernst waren bei ihm nicht leicht zu unterscheiden.

War es verwunderlich, dass Sir Thomas More in ganz Europa bewundert und in England sogar bewusst nachgeahmt wurde? Ein Mann, der ihm im Geist sehr unähnlich war, wollte ihm wenigstens darin ähnlich erscheinen, dass er, wie es Mores Eigenart war, den Mantel lässig schief auf der Schulter trug. „Thomas More, Lordkanzler von England, dessen Seele reiner war als der reinste Schnee, dessen Genius so groß war, wie England nie einen hatte – ja nie wieder haben wird, obgleich England eine Mutter großer Geister ist ...", so schrieb Erasmus beim Eintreffen der Nachricht von Mores Tod. Thomas More ein großer Genius, ein großer Humanist. Thomas More auch ein – brauchen wir ruhig dieses so oft nicht an der Schrift gemessene Wort – großer „Heiliger"? Das Evangelium fordert mehr als reine, edle Humanitas; Nachfolge Christi mehr als schöpferischen Genius.

Merkt man diesem Mann an, dass ihm die Bergpredigt irgend-
einen Eindruck gemacht hat? Das ist die Frage, die an Thomas More gerichtet ist, aber uns, uns Christen in der Welt,
gilt. Sie lässt sich anhand der traditionellen – oft im Sinne einer doppelstöckigen Moral missverstandenen – evangelischen „Räte" (Armut, Ehelosigkeit, Gehorsam) verdeutli-
chen. Gewiss, die drei evangelischen Räte sind in dieser
Zusammenstellung eine Systematisierung späterer Theologie. Aber gerade die ersten beiden haben eine direkte Begründung im Neuen Testament. Und ist auch keineswegs
jede christliche Existenz grundsätzlich an ihnen und nur an
ihnen zu messen, so können sie, richtig, d. h. biblisch, verstanden, für den Christen in der Welt scharfe kritische Fragen
sein, die auf die vom Evangelium geforderte Grundentscheidung hinführen.

Man kommt um den Eindruck nicht herum, dass Thomas
More gerade in der umgekehrten Richtung engagiert ist.
Christliche Soziologen bezeichnen oft als die drei Grundsäulen der gesellschaftlichen Ordnung: Familie, Eigentum, Staat.
Dafür gibt es gute Gründe. Ist es deshalb nicht eigenartig, wie
die Tradition gerade diese drei Ordnungssäulen für den in die
Nachfolge Christi eintretenden Christen in Frage gestellt
hat? Ist es nicht auffällig, wie genau sich die drei Ordnungs-
träger und die drei evangelischen „Räte" mit ihrer mächtigen
Wirkungsgeschichte entsprechen, nein, widersprechen? Widerspricht nicht frei gewählte Armut dem Eigentum, frei gewählte Ehelosigkeit der Familie, frei gewählter Gehorsam als
Verzicht auf Recht und Macht der verpflichtenden Rechtsordnung, die vom Staat garantiert wird? Thomas More scheint
sich gerade an die drei Grundsäulen der gesellschaftlichen
Weltordnung recht stark gehalten zu haben.

Eigentum: Sir Thomas hatte ein wunderschönes Haus in
London, in Chelsea am Ufer der Themse: mit einer Biblio-
thek, einer Galerie, einer Kapelle, einem Park samt Obstgar-
ten. Seine Dienerschaft war zahlreich und sein Haus voll

von beachtenswerten Dingen; was aus der Fremde kam oder sonst bedeutungsvoll war, kaufte er sogleich, und er sah es gern, wenn auch andere daran Gefallen fanden. Besondere Freude aber machte es ihm, Form und Charaktereigenschaften der Tiere zu studieren. Er hielt eine ganze Menagerie mit ungezählten Vogelarten und sonstigen seltenen Tieren: Biber, Wiesel, Füchse ...

Familie: Sir Thomas hatte mit 27 oder 28 Jahren die siebzehnjährige Jane Colt geheiratet, die er sehr liebte und zu bilden versuchte; es wurden ihm drei Töchter, Margaret, Cecily und Elizabeth, und ein Sohn, John, geboren. Nachdem seine Frau früh verstarb, heiratete er ein zweites Mal; Frau Alice, älter und wenig freundlich, war immerhin eine gute Hausfrau. An seinen Kindern hing er sehr. Er ließ seinen Töchtern dieselbe humanistische Bildung wie seinem Sohn zukommen und war sich bewusst, dass er damit eine kühne Neuerung einführte, die ihm Tadel eintragen würde; besonders Margaret erreichte ein beträchtliches Wissen und eine viel bewunderte Latinität.

Staat: Sir Thomas führte ein Leben, das ganz dem Staat und dem Schutz der Rechtsordnung gewidmet war. In seiner Vaterstadt London ist Mores Andenken vor allem durch seine Richtertätigkeit legendär geworden. Nie vorher und nachher wurde in England so gut und rasch zugleich einem jeden das Seine zugesprochen. „Wie dem auch sei, mein Sohn", so schrieb More an einen seiner Schwiegersöhne, „dieses eine will ich Dir auf Ehre beteuern: Wenn die Parteien Gerechtigkeit von mir verlangen, und es stünde auf der einen Seite mein Vater und auf der anderen der Teufel, und seine Sache wäre gut, dann sollte der Teufel recht bekommen." Dieser Politiker More, der schon in der „Utopia" sein Interesse für transatlantische Entdeckungen und Kolonisation gezeigt hatte, richtete ganz anders als sein Vorgänger Wolsey sein ganzes Interesse darauf, England und dem europäischen Kontinent den Frieden zu erhalten. Auf diese Weise suchte er in aller Loyalität seinem König, dessen Ehrgeiz auf das Festland gerichtet war, zu dienen.

Das alles ist Sir Thomas More, der Weltmann. Gleicht er in all dem nicht sehr wenig dem Bild dessen, was man einen „Heiligen" nennt? Ist ein derartiges Engagement in der Welt vom Evangelium her zu rechtfertigen? Kann das Nachfolge Christi sein? Vollkommenheit des Christen?

Leben nach dem Evangelium

Aber die Frage lässt sich auch einmal umgekehrt stellen: Um echt Christ zu sein, um nach dem Evangelium zu leben, um Christus nachzufolgen, genügt es da, auf alles zu verzichten und die Welt zu verlassen? More sah die positiven Möglichkeiten des Mönchtums. Die Klöster sind die einzige europäische Einrichtung, die Mores Utopier ausdrücklich billigen. More sah die positive Möglichkeit eines Verlassens der Welt als eines prononcierten Protests gegen die Verweltlichung des Menschen und eines ausdrücklichen Zeit-Habens des Menschen für Gott. Eine geheime Sehnsucht darnach hat More sein ganzes Leben hindurch nicht verlassen. Aber nach langer, gründlicher Prüfung kam er zum Ergebnis, dass er nicht für das mönchische Leben geschaffen, dass er nicht zum Verlassen der Welt berufen war. Gab More damit auf, nach dem Evangelium zu leben, Christus nachzufolgen? Was besagt denn „Evangelium"? Was ist die frohe Botschaft Jesu?

Jesu Botschaft ist zusammengefasst im Wort: „Die Zeit ist erfüllt und die Gottesherrschaft ist herbeigekommen!" Die Gottesherrschaft ist nicht schon gegenwärtig, doch sie bricht bereits herein. Ihr Anbruch tut sich schon jetzt kund. Jesu Auftreten, Wirken, Verkündigen ist das Zeichen dafür. Durch diese Botschaft ist der Mensch zur Entscheidung gerufen: „Kehret um und glaubet an das Evangelium!" Jesus selbst in seiner Person bedeutet diese Forderung Gottes zur Entscheidung: „Siehe, hier ist mehr als Salomon! ... Siehe, hier ist mehr als Jonas!" Durch Jesu Ruf spricht gebieterisch Gott selbst, vor dem es kein Ausweichen gibt. Die Wahl ist eindeutig und radikal: Jesus hat zwar nicht allen zugemutet,

Familie, Haus und Heimat zu verlassen; Jesus war kein Sozialrevolutionär. Aber das hat er getan: er hat jeden einzelnen, *jeden* einzelnen, vor die radikale Entscheidung gestellt, woran er sein Herz hängen will: an Gott oder an die Güter dieser Welt. Weder Eigentum noch Familie, noch Rechtsordnung dürfen den Menschen davon abhalten, *sein Herz einzig und allein an Gott, den Herrn, zu hängen.*

Nicht das *Eigentum:* „Sammelt euch nicht Schätze auf Erden ... Denn wo dein Schatz ist, da wird auch dein Herz sein!" Nicht die *Familie:* „Wenn jemand zu mir kommt und nicht seinen Vater und seine Mutter und seine Frau und seine Kinder und seine Brüder und seine Schwestern und dazu auch sein eigenes Leben hasst, kann er mein Jünger nicht sein." Nicht die *Rechts- und Staatsordnung:* „Ihr habt gehört, dass zu den Alten gesagt ward ... Ich aber sage euch ...!" Über alles formulierte Recht hinaus fordert Gott den ganzen Willen des Menschen. Er fordert dabei aber gerade den Verzicht auf Rechte: „Ich aber sage euch, dass ihr dem Bösen nicht widerstehen sollt; sondern wer dich auf die rechte Wange schlägt, dem biete auch die andere dar." Dies führt zur Umkehrung aller menschlichen Rangordnung: „Ihr wisst, dass die, welche als Fürsten der Völker gelten, sie knechten und ihre Großen über sie Gewalt üben. Unter euch ist es aber nicht so, sondern wer unter euch groß sein will, sei euer Diener, und wer unter euch der Erste sein will, sei der Knecht aller."

Dies also bedeutet die Nachfolge Christi: „Wenn jemand mit mir gehen will, verleugne er sich selbst und nehme sein Kreuz auf sich und folge mir nach!" Der Entscheid ist radikal: „Keiner, der seine Hand an den Pflug legt und rückwärts schaut, taugt für die Gottesherrschaft!" So will Gott den Menschen ganz, er will sein Herz. Nicht damit der Mensch die Welt verlasse; Jesus hat seine Jünger in die Welt hinein gesandt. Wohl aber, damit der Mensch ungehindert und frei von der Welt, ganz und gar bereit sei. Bereit wozu? Gottes Willen zu erfüllen, um gerade so für die Gottesherrschaft bereit zu sein: „Wer den Willen Gottes tut, der ist mir Bruder und

Schwester und Mutter." Was fordert der Wille Gottes? Nicht nur eine negative Absage an die Welt, sondern eine positive Hingabe: die *Liebe.* Es werden keine neuen Gesetze formuliert, keine neuen Einzelvorschriften gemacht. Sondern nur die eine vollkommen unbegrenzte und zugleich auf jeden Einzelfall zutreffende, ganz konkrete Forderung: „Du sollst den Herrn, deinen Gott, lieben mit deinem ganzen Herzen und mit deiner ganzen Seele und mit deinem ganzen Denken. Dies ist das größte und erste Gebot. Das zweite ist ihm gleich: Du sollst deinen Nächsten lieben wie dich selbst. An diesen zwei Geboten hängt das ganze Gesetz und die Propheten." Gerade in der Feindesliebe zeigt sich die christliche Vollkommenheit: „Liebet eure Feinde und bittet für die, welche euch verfolgen, damit ihr Söhne eures Vaters in den Himmeln seid! Denn er lässt seine Sonne aufgehen über Böse und Gute und lässt regnen über Gerechte und Ungerechte ... Ihr nun sollt vollkommen sein, wie euer himmlischer Vater vollkommen ist." Thomas More stand in der Welt, ließ sich aber von ihr nicht binden. Er hatte sich die letzte Unabhängigkeit von der Welt und die innere Freiheit für Gott bewahrt. Dies zeigt sich in Kleinigkeiten.

Sir Thomas More freute sich seines *Eigentums,* war ihm aber nicht verfallen. Die innere Überlegenheit Mores über die Dinge dieser Welt zeigte sich in der Gleichgültigkeit bezüglich seiner äußeren Erscheinung und des Essens; er zog allgemein schlichte Kost feinen Speisen vor. Er kannte weder Raffgier noch Geiz, sondern verteilte freigebig von seinem Reichtum und errichtete in Chelsea ein Armenhaus. Dafür musste er sich nach seinem Rücktritt als Lordkanzler harten Einschränkungen unterziehen. Als seine Scheune in seiner Abwesenheit einer Feuersbrunst zum Opfer gefallen war, schrieb er seiner Frau Alice, sie solle die Nachbarn entschädigen, auf deren Besitz das Feuer übergesprungen sei: „Und bliebe mir auch nicht ein Löffel übrig, es soll keiner meiner armen Nachbarn durch ein Unglück, das sich in meinem Hause zugetragen hat, auch nur den geringsten Schaden erleiden; ich bitte dich, sei mit meinen Kindern und dem ganzen Hause fröhlich in Gott." – So freute sich More seines Eigentums, aber sein Herz hängte er an Gott, den Herrn, allein. Wie ernst ihm mit der Grundentscheidung zwischen Gott und Eigentum und seiner radikalen Bereitschaft für Gott war, sollte die Zukunft zeigen.

Sir Thomas More liebte seine *Familie*, aber er ging nicht im Ehe- und Familienleben auf. Bei aller Freude an einer gepflegten Familienatmosphäre und einem reichen gesellschaftlichen Leben im Kreis seiner Frau und Kinder und der zahlreichen Gäste erkannte More sehr wohl, dass diese gleichsam horizontale Dimension menschlichen Zusammenseins nicht die ausschlaggebende ist, sondern dass es in allem darauf ankommt, sich der entscheidenden vertikalen Dimension des Zusammenseins mit Gott bewusst zu sein. So war More in seiner Familie sehr darauf aus, dass Gott im familiären Alltag nicht vergessen wurde. Er stand gewöhnlich um zwei Uhr morgens auf; bis sieben Uhr beschäftigte er sich mit seinen Studien und mit dem Gebet. – So liebte More seine Familie, aber sein Herz hängte er an Gott, den Herrn, allein. Wie ernst ihm mit der Grundentscheidung zwischen Gott und Familie und seiner radikalen Bereitschaft für Gott war, sollte die Zukunft zeigen.

Sir Thomas More achtete *Rechts- und Staatsordnung* hoch, aber sie war für ihn das Höchste nicht. More hatte sich wie wenige für Recht, Reich und König engagiert, aber er behielt zu allem innere Distanz und überlegene Freiheit. In der Tat meidet More den Hof so weit er kann, in gleichem Maß wie ihn andere suchen. Auch als More nicht nur „irgendeine Macht oder Autorität", sondern die Macht und Autorität des Lordkanzlers erhalten hat, bleibt er der einfache, schlichte, demütige, selbstlose Mensch von ehedem: als der nach dem König Höchste im Staat der Diener aller. Sir Thomas kleidet sich einfach und trägt seine goldene Kette nur, wenn es unbedingt sein muss; er vernachlässigt äußere Formen und liebt Gleichheit und Freiheit. – So achtete More Rechts- und Staatsordnung hoch, aber sein Herz hängte er an Gott, den Herrn, allein. Wie ernst ihm mit der Grundentscheidung zwischen Staatsordnung und Gott und mit seiner radikalen Bereitschaft für Gott war, sollte die Zukunft zeigen.

Es ging Thomas More auf diesem Weg nicht nur um stoischen Gleichmut, sondern um überzeugte Nachfolge Christi, die immer Verzicht, Kreuztragen bedeutet. War seine Gattin oder eines seiner Kinder erkrankt, pflegte er zu sagen: „Wir dürfen nicht auf unser Vergnügen sehen, um in Federbetten zum Himmel zu gehen: das ist nicht der Weg; denn unser Herr selbst ging dorthin in großer Qual und vieler Bedrängnis: das war der Weg, auf dem er dorthin geschritten ist; denn der Diener darf nicht wünschen, dass es ihm besser ergehe als seinem Herrn."

Wichtiger als alle Details ist, dass Thomas More in seinem ganzen Weltleben das Wort des Apostels Paulus wahr machte, in dem wie in wenig anderen die Situation des Christen in der Welt ausgedrückt ist: „… Die, welche Frauen haben, seien so, als hätten sie keine, und die Weinenden, als weinten sie nicht, und die Fröhlichen, als freuten sie sich nicht, und die Kaufenden, als behielten sie es nicht, und die, welche die Welt benützen, als nützten sie sie nicht aus" (1 Kor 7, 29–31).

Das ist die Freiheit des Christen, der „in Christus" lebt, der sein ganzes alltägliches Leben unauffällig durch Christus bestimmt sein lässt. Das ist die Freiheit des Christen, die weit über das hinausgeht, was man schematisierend mit den drei „evangelischen Räten" bezeichnet: die Freiheit der Bergpredigt, die nicht „Räte" geben will, sondern Forderungen aufstellt, Forderungen für alle. Das also ist die frohe Freiheit des Christen, die dem Menschen in der Welt durch Gottes Gnade im Glauben geschenkt wird. Gott, der die Freiheit selbst ist, macht den unfreien Menschen frei: in Christus.

Freiheit – in Leben und Tod

Evangelische „Vollkommenheit", die vollkommene Zielstrebigkeit der christlichen Existenz auf Gott hin, ist von *jedem* Christen gefordert. Sie lässt aber verschiedene Wege offen.

Das Entscheidende für den Christen ist nicht, dass er die Güter der Welt aufgibt, sondern dass er sich an sie nicht hingibt, nicht weggibt, dass er sich nicht an sie verliert: weder an den Sexus noch an den Reichtum, noch an die Macht. Sich hingeben, sich weggeben, sich verlieren kann der Christ nur an Gott, für den er sich grundsätzlich und radikal im Glauben entschieden hat. Gott allein ist absolut, alles andere ist relativ. Das Entscheidende für den Christen ist also nicht, dass er die Welt und ihre Güter verlässt, sondern dass er ihnen nicht verfällt, positiv gesagt: dass er sich die großartige Freiheit des Christen gegenüber der Welt bewahrt, die sich in der inneren *Distanz* zu den Dingen dieser Welt offenbart. Nicht der äußerlich-räumliche, sondern der innerlich-personale Abstand ist ausschlaggebend. Paulus lehnt den „Überfluss" der Welt nicht ab, er versteht auch, im Überfluss zu leben. Aber er bewahrt sich die überlegene Distanz des Freien, die ihn letztlich *indifferent* macht gegenüber Überfluss und Mangel: „… ich habe gelernt, in der Lage, in der ich bin, mir genügen zu lassen. Ich weiß in Niedrigkeit zu leben, ich weiß auch Überfluss zu haben; in alles und jedes bin ich eingeweiht, sowohl satt zu sein, als zu hungern, sowohl Überfluss zu haben, als Mangel zu leiden. Alles vermag ich durch den, der mich stark macht" (Phil 4, 11–13). Das ist die wahre, frohe Haltung des Christen in der Welt: nicht der Krampf des „Opfer-bringen-Müssens", sondern die – wie Paulus es nennt – „Autarkie", die „Genügsamkeit", die „Freiheit" in *jeder* Lage.

Der Christ dient den anderen. Aber gerade so in Freiheit: „Werdet nicht Sklaven von Menschen". Nicht an Meinungen, Urteile, Wertmaßstäbe, Konventionen und Traditionen der Menschen ist der Christ letztlich gebunden: „Denn warum sollte meine Freiheit von einem fremden Gewissen gerichtet werden?" Mein eigenes Gewissen, das um Gut und Böse Bescheid weiß, bindet mich.

Die große Probe der Freiheit des Christen aber eröffnet sich, wo der Christ in die Entscheidung gestellt wird, nicht nur irgend etwas, sondern *alles* um Gottes und seiner Herrschaft willen tatsächlich zu verlassen: „alles, was er hat", wegzugeben, um den Acker mit dem verborgenen Schatz, um die kostbare Perle zu besitzen. Die große Probe der Freiheit des Christen eröffnet sich, wo nicht nur die Bereitschaft zu irgendeinem, sondern zum *totalen* Verzicht verlangt wird. In diese große Probe der Freiheit war Sir Thomas More gestellt.

„Indignatio principis mors est. – Des Fürsten Unwille bedeutet Tod", sagte der Herzog von Norfolk. „Ist das alles, mein Lord, wahrlich dann gibt es keinen anderen Unterschied zwischen Euer Gnaden und mir, als dass ich heute sterben werde und Ihr morgen", war Thomas Mores Antwort. Dem Heinrich VIII., der in der Frage einer Eheaffäre sich gegenüber dem Papst zum „alleinigen Beschützer und obersten Haupt der Kirche und Geistlichkeit Englands" erklären ließ, konnte Thomas More nicht folgen. Er versuchte, dem Konflikt auszuweichen und sich ins Privatleben zurückzuziehen; aus „Gesundheitsgründen" reichte er den Rücktritt ein. Er suchte das Martyrium nicht. Immer wieder betonte er, dass er das Gewissen derer, die anders dachten als er, respektiere und sie mehr von ihrer Haltung abzubringen versuche: „ich maße mir ... nicht an, das Gewissen, die Treue oder die Weisheit anderer Menschen zu rügen oder zu tadeln. Ich will mich nur um mich selbst und um das, was mir mein Gewissen befiehlt, kümmern. Und gerade dieses Gewissen ruft mir so viele Unvollkommenheiten meines Lebens ins Gedächtnis, dass ich zu Gott um Erbarmen flehen muss."

Aber die Freiheit, die er anderen ließ, wurde ihm selbst nicht zugestanden: er wurde des Hochverrats angeklagt. Uns kann es hier nicht darum gehen, Mores Entscheidung gegenüber Heinrich VIII. zu beurteilen. Sicher war More kein absolutistischer Papalist, der das Papsttum vergötterte: „Der Papst ist ein Souverän wie Sie. Es kann noch so weit kommen, dass Ihre Majestät und er in Streit geraten", so mahnte More Heinrich VIII., als dieser in seiner ersten Regierungsperiode die Autorität des Papstes (auch in zeitlichen Dingen) zu sehr pries. Sicher war More aber auch kein absolutistischer Regalist, der das Königtum vergötterte: „... insofern diese Anklage auf eine Parlamentsakte gegründet ist, die in unmittelbarem Widerspruch steht zu den Gesetzen Gottes und seiner heiligen Kirche, deren höchste Leitung, sei es ihrer Gesamtheit oder auch nur eines Teiles, kein weltlicher Fürst vermöge irgendeines Gesetzes sich anmaßen darf, da sie von Rechts wegen dem Heiligen Stuhl in Rom zusteht ..., darum ist es unter Christenmenschen nach dem Gesetze nicht möglich, gegen einen Christen eine solche Anklage zu richten", so antwortete More dem Gericht Heinrichs VIII., der in seiner zweiten Regierungs- periode die Autorität des Papstes (in geistlichen Dingen) missachtete. Man mag zu dieser Entscheidung Mores ste- hen, wie man will, man wird sie achten müssen: es war dies die ehrliche Gewissensentscheidung eines glaubenden Christen, der bereit war, dafür jeden Preis zu zahlen: „Die wahre und reine Notwendigkeit zwingt mich, zur Entlas- tung meines Gewissens solches zu sagen. Darum rufe ich Gott an, dessen Auge allein in die Tiefen des menschlichen Herzens dringt, dass er mein Zeuge sei."

Jetzt, da Mores Grundentscheidung zwischen Gott und Welt auf die äußerste Probe gestellt wird, gibt dieser Welt- mann für den erkannten Willen Gottes entschlossen *alles* hin. Er verzichtet auf seine Stellung im Staat: Er tritt von seinen Ämtern zurück und gibt das Große Siegel dem König wieder. In die Verliese des Towers geworfen wird der Mann, der Englands höchster Staatsmann war. Er verzichtet auf sein *Eigentum:* Er verliert seine Einkünfte, entlässt seine Dienerschaft, muss seine Güter beschlagnahmen lassen. Arm, alt und krank geworden, auf einen Stock gestützt, steht der Ex-Lordkanzler vor seinen Richtern. Er verzichtet auf seine *Familie.* Er nimmt Abschied von Frau und Kin- dern, die ihn schließlich auch im Gefängnis nicht mehr be- suchen dürfen. Ganz einsam ist der Mann geworden, der im Abschiedsbrief an seinen italienischen Freund Antonio Bon- visi der Unterschrift beifügt: „Thomas More (es wäre eitel, wollte ich noch ‚Dein' hinzufügen, denn darüber kannst Du nicht im Zweifel sein, da Du es Dir mit so vielen Wohltaten erkauft hast. Ich bin jetzt kein Mensch mehr, bei dem es darauf ankäme, wessen er ist)."

Seiner Lieblingstochter Meg (Margaret) hatte er im Gefängnis seine Angst gestanden: „Sicher kannst Du, Meg, kein schwächeres, kein zartfühlenderes Herz haben als Dein Vater. Und obwohl sich meine Natur so heftig gegen das Leid sträubt und mich ein Nasenstüber fast zum Erzittern bringt, so besteht doch gerade darin meine Stärke, liebe Tochter, dass ich in allen Todesängsten, die ich durchgemacht habe, dank der Barmherzigkeit und Macht Gottes niemals daran dachte, in irgend etwas einzuwilligen, was gegen mein Gewissen wäre." In seiner Angst hatte er darum gebetet, dass Gott ihm die Kraft gebe, jedes Leid mit Geduld „und vielleicht auch mit einiger Heiterkeit" zu ertragen. Seinem Freund Bonvisi schrieb er, was sein Lebewohl an seinen internationalen humanistischen Freundeskreis wurde: „Und mittlerweile, mein lieber Bonvisi, möge der allmächtige Gott Dir und mir und allen sterblichen Menschen auf der ganzen Welt die Kraft verleihen, um jener Freude willen für nichts zu erachten alle Reichtümer dieser Welt mit ihrer ganzen Herrlichkeit und auch die Freude dieses Lebens."

Die Nachfolge Christi war für Thomas More wortwörtlich Wirklichkeit geworden. So schrieb er im Gefängnis: „Nun kann niemand ohne Haupt zu so hoher Glorie kommen. Unser Haupt ist Christus: und darum müssen wir mit ihm verbunden sein, und als seine Glieder müssen wir ihm folgen, wenn wir dorthin gelangen wollen. Er ist unser Führer, der uns dorthin geleitet ... Wisst Ihr nicht, dass Christus leiden und dadurch in sein Königreich eingehen muss? Wer kann, ohne sich zu schämen, in das Königreich Christi mühelos eingehen wollen, da Er doch selbst nicht ohne Qual in es eingegangen ist?"

Aus dem Leiden Christi schöpfte More seine Kraft. Durch eine „Abhandlung über die Passion" bereitete er sich auf sein Ende vor. Als er zu den Worten kam, „ sie legten Hand an ihn", wurden ihm seine Bücher, seine Papiere, alles, was er im Gefängnis hatte, weggenommen. Mit einem Stück

Holzkohle kann er in einem Brief schreiben: „... Von weltlichen Dingen begehre ich nicht mehr, als ich habe ... geschrieben mit einem Stück Kohle von Eurem zärtlich liebevollen Vater, der in seinen armen Gebeten keinen von Euch vergisst ... und jetzt lebt herzlich wohl, denn mein Papier ist zu Ende. Unser Herr bewahre Euch stets wahr, getreu und ehrlich."

Und so starb Sir Thomas More, wie wenige vor ihm und nach ihm gestorben sind: auf dem Schafott, heiter, mit einem Lächeln, in der königlichen Freiheit des Christen. Kurz betet er um Gottes Barmherzigkeit, umarmt den Henker, der ihn um Verzeihung bittet, bekennt dann seinen katholischen Glauben und fordert alle Umstehenden zum Gebet für den König auf: er sterbe „als des Königs guter Diener, als Gottes Diener zuerst". Sein letztes Wort ist ein Scherz über den Bart, den er, damit er nicht zerschnitten werde, auf dem Block zur Seite schiebt, da sein Bart ja keinen Hochverrat begangen habe.

Thomas More verlor sein Leben, um es zu retten. In ihm hat sich die Paradoxie des Christenlebens sichtbar erfüllt: „Werden wir geschmäht, so segnen wir; werden wir verfolgt, so dulden wir; werden wir gelästert, so begütigen wir" (1 Kor 4, 12f). „Als Verführer und doch wahrhaftig, als Unbekannte und doch erkannt, als Sterbende, und siehe, wir leben, als Gezüchtigte und doch nicht getötet, als Betrübte, aber allezeit fröhlich, als Arme, die aber viele reich machen, als solche, die nichts haben und doch alles besitzen" (2 Kor 6, 8–10).

Thomas More war – in weltlichem Gewand und in weltlicher Bildung, inmitten von Familie, Eigentum und Staat – ein Heiliger. Nicht weil er keine Fehler und Sünden gehabt hätte; er hatte sie wie jeder Mensch, und er hat sie noch vor seinem Tode öfters bekannt: „Ich habe keinen derart vorbildlichen Lebenswandel geführt, dass ich mich ohne weiteres dem Tod anbieten könnte. Vielleicht würde mich Gott für eine solche Anmaßung strafen. Ich will mich deshalb nicht vordrängen, sondern im Gegenteil zurückhaltend warten. Will mich Gott sterben lassen, so werde ich auf seine Barmherzigkeit hoffen, die mir in meiner letzten Stunde Gnade und Erbarmung nicht vorenthalten wird." Aber in all seiner Sündhaftigkeit war er ein Heiliger, weil er, als sündiger Mensch von Gottes Gnade in Christus ergriffen und ausgesondert – ein „in Jesus Christus Geheiligter", ein „berufener Heiliger" (1 Kor 1,2) –, sich radikal für Gott entschieden hatte, sein ganzes weltliches Leben hindurch für Gott bereit war, um im Tod schließlich seine Bereitschaft der höchsten Probe unterziehen zu lassen. So durfte er die Liebe Gottes in Christus erfahren, von der den Menschen nichts, weder Leben noch Tod, scheiden kann: „Alles ist euer … , es sei Welt oder Leben oder Tod, es sei Gegenwärtiges oder Zukünftiges: Alles ist euer, ihr aber seid Christi, Christus aber ist Gottes" (1 Kor 3,21–23).

Dem Christen aber ist so vorgelebt worden, dass es möglich ist, als Christ, von Gottes Gnade in Christus ergriffen und ausgesondert, nach dem Evangelium in der Welt zu leben, dass Nachfolge Christi in der Welt, inmitten von Familie, Eigentum und Staat möglich ist: nüchtern, unpathetisch, ehrlich, ohne Schwärmerei, ohne Frömmlerei, ernst und froh zugleich: ein heiliges Leben. Worauf also kommt es an für den Christen in der Welt? Auf die bei aller Sündhaftigkeit radikale und im Alltag durchgehaltene Entscheidung für Gott, den Herrn, und seine Herrschaft im Glauben. Auf die grundsätzliche Freiheit von der Welt in der Welt, inmitten von Familie, Eigentum und Staat, in Gottesdienst und Bruderdienst. Auf die frohe Bereitschaft, diese Freiheit jederzeit im Verzicht und, wenn von ihm erwartet, im totalen Verzicht zu aktualisieren. In dieser von Gottes Gnade geschenkten Freiheit des Christen von der Welt in der Welt für Gott, den Herrn, liegt allein des Christen Stärke, Trost, Macht, Freude – Sieg.

D.
Vertrauen, das Krisen überwindet

I. Die Bewältigung des Negativen

Die positiven Reizworte gesellschaftskritischer Theologien klingen im Ohr: Liebe, Sinn, Personwürde, Werte, Befreiung, menschlich, schöpferisch, brüderlich. Doch: diese Worte sind Schall und Rauch, wenn sie nicht durchgeprüft, durchgestanden sind durch das, was man die Schattenseite des Lebens nennt: Hass und Unsinn, Unwürde und Wertlosigkeit, Unfreiheit und Unmenschlichkeit, Erstarrung und Feindschaft in der Banalität des öffentlichen und privaten Alltags. Hier steht nicht mehr und nicht weniger als die Frage nach Mensch und Menschsein, Humanität und Humanismus auf dem Spiel. Hier bekommen Engagement und politischer Enthusiasmus eine Tiefenschärfe, die eine alltäglich-pragmatische Oberflächlichkeit nicht hergibt. Hier steht die Frage nach Menschsein und Christsein in ihrer ganzen Radikalität auf dem Spiel. In der Bewältigung des Negativen haben christlicher Glaube und nichtchristliche Humanismen ihre Nagelprobe zu bestehen.

Missbrauchtes Kreuz

Was für ein unerforschliches Rätsel für den Menschen das Leid, die Leidensgeschichte der Menschheit und jedes Einzelnen bedeutet, bedarf hier keiner weiteren Erläuterung. Ebenso wenig sind hier die vielfältigen, oft tiefgehenden mythologischen, philosophischen, theologischen Entwürfe darzustellen, die das Rätsel aufzulösen versuchen. Deutlicher denn je ist für uns in den vergangenen Jahrzehnten geworden: Der Mensch muss sein Geschick in die eigene Verantwortung nehmen und in der Umgestaltung der menschlichen Gesellschaft sich selbst zu befreien versuchen. Emanzipation lässt sich nicht durch Erlösung ersetzen.

Freilich auch umgekehrt: Erlösung lässt sich nicht durch Emanzipation ersetzen. Kein Mensch kann sich der Frage des ungetrösteten Leids der Lebenden und Toten entziehen, der Frage seiner Schuld und seines Todes und damit einer letzten Befreiung des Menschen: einer Befreiung durch Gott (Erlösung), gegenüber der die Befreiung des Menschen durch den Menschen (Emanzipation) immer nur vorläufigen Charakter haben kann. Wie sonst soll er sich von Schuld befreit, für Zeit und Ewigkeit angenommen, zu sinnvollem Leben und vorbehaltlosem Einsatz für Mitmensch und Gesellschaft befreit wissen? Wie soll er in sinnlosem Leiden und Sterben, im Leid auch der Unschuldigen und Gescheiterten dennoch einen Sinn finden?

Was sagen wir dem gescheiterten Revolutionär, was dem Gefangenen, der sich selbst in Ketten noch seine Freiheit bewahren möchte, was dem zum Tod Verurteilten, der nach einer Hoffnung verlangt? Aber auch weniger dramatisch und vielleicht doch nicht weniger schlimm: Was sagen wir dem Menschen, der unlösbar in bestimmte gesellschaftliche Strukturen verkettet ist, in denen Revolutionen keine Aussicht auf Erfolg haben? Was dem unheilbar Kranken, was dem auf eine einmal getroffene Fehlentscheidung Festgelegten, was dem beruflichen, moralischen, menschlichen Versager?

Kann man gegen alle Versuchung der Empörung, Revolte, Resignation und des Zynismus etwas anderes sagen, als es wie Jiob zu wagen: in unerschütterlichem, unbedingtem Vertrauen trotz allem Ja zu sagen, Ja zum unbegreiflichen Gott? Und doch – man kann auch noch etwas anderes sagen: dass alles Negative in diesem Leben einen positiven Sinn haben kann; dass es keine absolut trostlose, sinnlose, verzweifelte Situation zu geben braucht; dass nicht nur in Erfolg und Freude, sondern auch in Versagen, in der Melancholie, in Trauer und Schmerz Gottesbegegnung *möglich* ist.

Dies alles wage ich zu sagen im Blick auf die Passion dessen, von dem her die Passion eines jeden Menschen genauso wie die Menschheitspassion einen Sinn erhalten kann: mit dem Blick auf den Gekreuzigten glaubend vertrauend auf den, der auch und gerade – das ist das Zeugnis der Auferweckung – in äußerster Bedrohung, Sinnlosigkeit, Nichtigkeit, Verlassenheit, Einsamkeit und Leere den Menschen trägt und hält: ein Gott, der als Mit-Betroffener mit den Menschen solidarisch ist. Das Kreuz des Lebendigen ist es, woraufhin der Glaubende sich zum Wagnis der Hoffnung im Dunklen und Sinnlosen entschließen kann: zur Kreuzesnachfolge!

Kreuzesnachfolge: Leider ist gerade dieses Tiefste und Stärkste im Christentum in Verruf gekommen durch die „Frommen", die, wie Nietzsche höhnte, als „Dunkler und Munkler und Ofenhocker" krumm „zum Kreuze kriechen" und alt- und kaltgeworden alle „Morgen-Tapferkeit" verloren haben.

Und so meint denn „zu Kreuze kriechen" im heutigen Sprachgebrauch so etwas wie klein beigeben, sich nicht trauen, nachgeben, stumm den Nacken beugen, sich ducken, unterwerfen, ergeben. Und „sein Kreuz tragen" meint dann ebenfalls sich ergeben, sich demütigen, sich verkriechen, sich nicht mucksen, die Fäuste in die Tasche stecken ... Das Kreuz, ein Zeichen für Schwächlinge und Duckmäuser. Dies war doch wohl nicht gemeint, wenn Paulus das Kreuz zwar für die Heiden einen Unsinn und die Juden ein Skandal, für die Glaubenden aber eine „Gotteskraft" nannte!

Offizielle Verkündiger des Wortes haben zu einem nicht geringen Teil die Schuld, wenn die „Frommen" das Kreuz als Entwürdigung des Menschen missverstehen. Wie viel Schindluder hat man mit dem Kreuz getrieben! Wozu musste das Kreuz in den Kirchen alles herhalten! Man hat sich nachgerade daran gewöhnt, dass das Kreuz nicht als Bürde auf dem Rücken, sondern als Würde auf der Brust getragen und dieses zentrale christliche Schand- und Siegeszeichen als serienweise verabreichter bischöflicher Segensgestus verfeierlicht und verharmlost wird. Woran man sich aber zum Beispiel nicht gewöhnen sollte: dass das Kreuz noch oft genug als „großer und dunkler Ratschluss Gottes" angepriesen wird, der zu Buße und anderen unerfindlichen Zwecken den Menschen „Schweres schickt", dass man so den „Willen zum Leiden" in Gott und Jesus hineinprojiziert. Warum und aus welchem Interesse? Um auf diese Weise moderne Werte (Lebensstandard, Mündigkeit, Strukturveränderung, Gleichstellung von Mann und Frau, Weltbejahung, intellektuelle Redlichkeit) und aktiven Einsatz für diese Werte in der Gesellschaft zu diskreditieren; um in diesem Zusammenhang die Lasten kirchlicher Traditionen wie Zölibat und anderes als gottgewollte Kreuze zu rechtfertigen; um in all dem die Kritiker der „Entleerung des Kreuzes" zu verdächtigen. Das Kreuz als Holzhammer: was Paulus wohl zu solcher Kreuzespredigt gesagt hätte!? Es soll hier bestimmt niemand in seiner Gesinnung gekränkt und in seinen seelsorgerlichen Intentionen angezweifelt werden. Es muss jedoch in diesem ernsten Zusammenhang, wo so viel Gedankenlosigkeit die Praxis bestimmt, doch auch sehr entschieden – gelegen oder ungelegen – Ehrfurcht vor dem Kreuz gefordert werden.

Missverstandenes Kreuz

Aber diese Hinweise mögen genügen: Wir möchten uns hier nicht mit den zahllosen primitiven Entstellungen der Kreuzesnachfolge aufhalten, so folgenschwer sie sich für den Einzelnen wie für ganze Kirchengebiete auswirken können. Drei sublimere Missverständnisse der Kreuzespredigt aber, oft kritisiert, müssen um der echten Kreuzesnachfolge willen aufgezeigt werden.

Kreuzesnachfolge meint *nicht kultische Anbetung*. Jesu Kreuz sprengt alle Schemata von Opfertheologie und Kultpraxis. Die Profanität seines Kreuzes sperrt sich gegen jede kultische Vereinnahmung und liturgische Glorifizierung des Gekreuzigten. Freilich: man wird dem Kreuzessymbol und einer richtig verstandenen evangeliumsgemäßen Kreuzes-Verehrung zum Beispiel in der Karfreitagsliturgie seinen Respekt nicht versagen können. Und natürlich auch nicht der großen Kunst, die um dieses zentrale christliche Thema – freilich erst nach jahrhundertelanger Scheu – mit letztem Ernst gerungen hat.

Aber machen wir die Probe: Wird nicht vom Kreuz Jesu Christi her jener oft auf reinen Ritualismus zusammengeschrumpfte Gestus fragwürdig, der das Kreuz auf ein bloßes, tausendfach gedankenlos repetiertes Kreuz-Zeichen reduziert und oft zum magischen Zeichen herabwürdigt? Für diejenigen, die sich ernsthaft auf Jesu Weg einlassen, kann das Kreuz Jesu nicht kultisch oder fromm für jedwede Interessen vereinnahmt werden. Jesu Kreuz bleibt das Skandalon, in dessen Zeichen die Schranken von Profan und Sakral endgültig gefallen sind. Das ist und bleibt eine Herausforderung für jeden, der in diesem Zeichen Gottesdienst feiert, Eucharistie als Erinnerung an sein Leiden (memoria passionis). Die liturgische Feier im Zeichen des Kreuzes darf nicht folgenlos bleiben. Dem Gedächtnis muss die praktische Nachfolge entsprechen.

Kreuzesnachfolge meint *nicht mystische Versenkung:* kein privatisiertes Miterleiden auf gleicher Ebene im Einswerden mit Jesu seelisch-leiblichen Schmerzen. Das wäre falsch verstandene Kreuzesmystik. Doch auch hier: Respekt vor der großen Leidens- und Kreuzesmystik eines Franz von Assisi, Bonaventura oder eines Ignatius von Loyola, Johannes vom Kreuz, einer Teresa von Ávila. Respekt auch vor dem kritisch-emanzipatorischen Impuls, den die vom Kreuz inspirierte Laienfrömmigkeit in Kirche und Gesellschaft hineinbrachte: Von den mittelalterlichen Armutsbewegungen bis zu den Negro Spirituals schwarzer Sklaven in den amerikanischen Südstaaten wurde hier der leidende, arme, schutzlose Christus gegen den himmlisch herrschenden Christus der Reichen und Mächtigen gewendet. Respekt auch vor jenem echten religiösen Brauchtum, das etwa in den Stationen des Kreuzwegs die Erinnerung an diesen Jesus

Christus in unverkrampfter, befreiender Meditation ohne alle Selbstquälerei aktiviert.

Aber machen wir auch hier die Probe: Wird nicht von diesem Kreuz Jesu Christi her jene Mystik fragwürdig, die in frommer Verniedlichung und Verkitschung die Radikalität des Leidens Jesu, seine Gottes- und Menschenverlassenheit verharmlost, die in frommer Selbstbemitleidung oft die eigenen Schmerzen mit Jesu Schmerzen heroisiert? Es bleibt dabei: Für den, der sich ernsthaft auf Jesu Weg einlässt, bleibt das Kreuz Jesu Christi Herausforderung zum Glauben an Gott auch in der Abwesenheit. Aber an einen Gott, der den Menschen nicht sadistisch quält, sondern mit ihm mitleidet. Herausforderung zum Glauben an Jesus Christus, der nicht der schwächliche Dulder, sondern der mutige Bruder aller Armen, Gequälten und Geängstigten war, in dessen Gemeinschaft die Erniedrigten Erhöhung, Achtung, Anerkennung, menschliche Würde finden. Von ihm her ist das Kreuz ambivalent: Ausdruck des Elends und zugleich des Protests gegen das Elend, Zeichen des Todes und Zeichen des Sieges.

Kreuzesnachfolge meint *nicht ethische Nachahmung* des Lebensweges Jesu, meint nicht die getreue Kopie des Lebensmodells seines Lebens, Verkündigens und Sterbens. Doch auch hier: Respekt vor den großen Einzelnen, von Franz von Assisi bis Leo Tolstoi und Martin Luther King, die im Verzicht auf Besitz oder Gewalt diesem Jesus als Vorbild unmittelbar nachgegangen und unübersehbare programmatische Zeichen christlichen Handelns gesetzt haben. Respekt vor der Tradition großer Märtyrer des Christentums, die in ihrer Selbstverleugnung, ihrem Mut und ihrer radikalen Konsequenz diesem Jesus im Leiden gleich werden wollten. Respekt aber auch vor der großen Tradition des Mönchtums, das vor allem im Mittelalter von der Nachfolge (imitatio) Christi her sich zu tiefgreifenden Reformen in Kirche und Gesellschaft inspirieren ließ und seine Lebensprinzipien der Heimatlosigkeit, Ehelosigkeit und Besitzlosigkeit von Christus her direkt ableitete.

Doch machen wir hier ebenfalls die Probe: Wird nicht vom Kreuz Jesu Christi her jene Imitatio fragwürdig, mit der fromme Opferseelen das Leiden förmlich suchen bis zum Extrem der physischen Nachahmung in einem mehr als fragwürdigen Wunden- und Stigmatisierungskult (Therese von Konnersreuth); mehr als fragwürdig jegliche Art von Heiligmachung zu Lebzeiten, wo man sich Verdienste im Himmel anrechnen lassen und sich vorzeitig das Heil sichern will? Es bleibt dabei: Für den, der sich ernsthaft auf den Weg Jesu Christi einlässt, entzieht sich das Kreuz jeder billigen Kopie, jeder heroischen Imitation, die Sicherheit verschaffen könnte. Sein Kreuz bleibt beispiellos, seine Gottes- und Menschenverlassenheit einzigartig, sein Tod unwiederholbar. Schon bei Paulus bedeutet Imitatio Christi nicht einfach die Nachahmung des irdischen Jesus in einzelnen Zügen, um ihm immer ähnlicher zu werden. Für Paulus meint Imitatio Christi wesentlich Gehorsam dem himmlischen Herrn gegenüber, der sich im Konkreten zu bewähren hat: ein Nachahmen, das nicht ein Imitieren, sondern ein ihm Nachfolgen bedeutet. Gerade indem sich das Kreuz der Kopie entzieht, ist und bleibt es eine Herausforderung: das eigene Kreuz auf sich zu nehmen, im Risiko der eigenen Situation und in der Ungewissheit der Zukunft seinen eigenen Weg zu gehen.

Verstandenes Kreuz

Am Kreuz hängen viele: nicht nur gescheiterte Revolutionäre, Gefangene, zum Tod Verurteilte, nicht nur die unheilbar Kranken, die völligen Versager, die Lebensmüden und die an sich selbst und an der Welt Verzweifelten. Am Kreuz hängen viele: von Sorgen gequält und von Mitmenschen geplagt, von Ansprüchen erdrückt und von Langeweile ausgehöhlt, von Angst gepresst und von Hass vergiftet, von Freunden vergessen und von den Medien verschwiegen ... Ja, hängt nicht jeder an seinem eigenen Kreuz?

Oft ist Schweigen angebrachter angesichts des unartikulierbaren Leidens. Wie oft einem die Antworten im Munde stecken bleiben, wie schwer der Trost zu buchstabieren ist, hat jeder in seinem eigenen Leben erfahren können angesichts von Krankheit und Tod, angesichts all der Fragen des Warum und Wozu. Doch gerade auch die Erfahrung dieser extremen menschlichen Situationen drängt zum Wort, drängt zur klärenden, tröstenden, verarbeitenden Sprache. Trauerarbeit tut not, und sie ist bei aller materiellen und seelischen Hilfe wesentlich sprachlich strukturiert. Der Christ steht vom Kreuz Christi her nicht stumm da, ohne Antwort, obwohl gerade hier vor allem Formelhaften zu warnen ist. Der Christ steht nicht stumm da, wenn er den Gekreuzigten sprechen lässt.

Was hat er zu sagen? Was soll da helfen? Wenn man es ganz nüchtern sagen will: die Nachfolge, die Nachfolge in der Weise der Correlatio, der Entsprechung? Was heißt das?

Das Leid nicht suchen, sondern ertragen

Jesus hat das Leid nicht gesucht, es wurde ihm aufgezwungen. Wer immer selbstquälerisch Schmerz und Leid geradewegs herbeisehnt oder gar sich selber zufügt, ist nicht auf der Linie der Kreuzesnachfolge Jesu. Schmerz ist und bleibt Schmerz, Leid ist und bleibt Leid: das soll man nicht umdeuten, ihm gar masochistisch Lust abgewinnen wollen. Leid und Schmerz sind und bleiben ein Angriff auf den Menschen. Der Christ aber kann kein Liebhaber der Traurigkeit sein, wie dies gerade der Genussmensch in seltsamem Umschlag seiner zur Schau getragenen Lebensgier und Lebenslust – „Bonjour tristesse"! – nur zu leicht werden kann.

Kreuzesnachfolge heißt: ertragen des gerade mir in meiner unverwechselbaren Situation widerfahrenen Leids – in *Entsprechung* zum Leiden Christi. Wer mit Jesus gehen will, der verleugne sich selbst und nehme nicht Jesu Kreuz, auch nicht irgendein Kreuz, sondern *sein*, sein eigenes Kreuz auf sich und folge ihm nach. Nicht in mönchischer Askese oder in romantischem Heroismus außerordentliches Leid suchen, ist christlich. Sondern – was wegen seiner öfteren Wiederkehr meist schwieriger ist als ein heroischer Akt –

das gewöhnliche, das normale, das alltägliche und gerade hier dann freilich oft übergroße Leid ertragen: das ist den an den Gekreuzigten Glaubenden aufgetragen. Also das Kreuz des Alltags. Von daher wird das Kreuz Jesu zu einem Kriterium für selbstkritisches Erkennen und selbstkritisches Handeln.

Das Leid nicht nur ertragen, sondern bekämpfen

Eine stoische Leidensapathie, die ein möglichst affektloses Ertragen der eigenen Leiderfahrungen und das überlegene Vorbeiziehenlassen fremden Leids ohne innere Anteilnahme als Ideal verkündet, steht ebenfalls nicht auf der Linie der Kreuzesnachfolge Jesu. Sowohl seinem eigenen wie fremdem Leid gegenüber hat Jesus seinen Schmerz nicht unterdrückt. Zeichenhaft ist er gegen die Mächte des Bösen, der Krankheit und des Todes in der so gar nicht heilen Welt angegangen. Die Botschaft Jesu kulminiert in der Nächstenliebe, unvergesslich eingeprägt in der Parabel von der Pflege des unter die Räuber Gefallenen und im kritischen Maßstab des Endgerichts: Einsatz für die Hungernden, Dürstenden, Nackten, die Fremden, Kranken und Gefangenen.

Von daher hat die junge Glaubensgemeinschaft die tatkräftige Sorge um die Leidenden von Anfang an als eine besondere Aufgabe erkannt. So ist gerade die planmäßige Sorge für die Kranken eine von den Weltreligionen unterscheidende spezifisch christliche Angelegenheit geworden: von der durch Bischof und Diakone organisierten und geübten Krankenpflege der frühen Gemeinden und den im 4. Jahrhundert entstehenden Nosokomien (Krankenhäuser) über die mittelalterliche Krankenpflege der Klöster, insbesondere seit der cluniazensischen Reform, die ritterlichen und bürgerlichen Spitalorden bis zur modernen Krankenpflege der katholischen und evangelischen Orden und Kongregationen. Dabei lag es in der Konsequenz der historischen Entwicklung, dass der Kirche durch den Säkularisierungsprozess viele dieser Aufgaben abgenommen wurden, die sie aus der Not heraus übernommen hatte.

Um so mehr ist es Aufgabe und Pflicht der Christen und der Kirchen in der modernen Gesellschaft, an der vielschichtigen Bekämpfung des Leids, der Armut, des Hungers, der sozialen Missstände, der Krankheit und des Todes engagiert mitzuarbeiten. Die moderne Welt hat sehr viel neues Leid gebracht, aber auch immense Möglichkeiten der Bewältigung des Leids geschaffen, wie dies die Erfolge der Medizin, der Hygiene, der Technik, der sozialen Wohlfahrt demonstrieren. Nie wird der Christ Argumente seines Glaubens dafür bemühen, um sich von der tätigen Mitarbeit in der Gesellschaft zu dispensieren und, statt die gesellschaftliche Wirklichkeit zu verändern, auf ein Jenseits zu vertrösten. Der Glaube an Gott, das Gebet, das immer Grundlage seiner Arbeit sein wird, werden nie ein Refugium sein dürfen für einen defätistischen, dem Leid gegenüber resignierenden oder auch nur himmlisch träumenden Christen. Nüchternheit und Realistik in der Einschätzung der immer beschränkten persönlichen und gesellschaftlichen Möglichkeiten für die Änderung von Verhältnissen sind notwendig, um den Christen im Bekämpfen des Leides vor einem leidvergessenen Pragmatismus und einem illusionären Aktionismus zu bewahren.

Das Leid nicht nur bekämpfen, sondern verarbeiten

Vom Kreuz Jesu Christi her wird den Menschen die Möglichkeit eröffnet, das Leid und seine Ursachen nicht nur punktuell aufzulösen und zu beseitigen, sondern auch positiv zu verwandeln und zu verarbeiten. Das setzt Erfahrung im Erkennen von Ursachen und Bedingungen, Zusammenhängen und Strukturen menschlichen Leidens voraus. Und Phantasie im Entwerfen von Zukunftsmöglichkeiten eines weniger leidvollen Zustandes des Menschen, im Spenden von Trost, im Eingehen auf die Bedürfnisse und die seelische Verfassung dessen, der mich gerade braucht, meines Nächsten, meiner Nächsten. Diese Phantasie verschafft sich in der Sprache Ausdruck und vermag so, die Kruste alles dumpfen, stummen, sprachlosen Leidens aufzubrechen, von der alles Leid so oft zugedeckt ist. Das auf den Anderen eingehende Gespräch ermöglicht es, alles Spontane und Elementare des Schmerzes, das Stöhnen und das Schreien, das Jammern und das Seufzen, die Resignation und die Ohnmacht bewusst zu machen, Zusammenhänge zu erkennen und Ursachen zu analysieren. Es vermag das Bewusstsein zu schaffen, dass Leid bedingt und damit auch vielfach wandelbar ist, nicht nur schicksalsverhängt oder einfach gottgegeben. Das Gespräch holt den Einzelnen heraus aus der Isolierung des privat erlebten und im Privaten steckengebliebenen Leids und macht ihn fähig zur Verarbeitung in der Gemeinschaft aller Betroffenen.

Verarbeitung aber bedeutet auch positive, aktive Annahme und Integrierung des Leids in den Gesamtsinn des Lebens. „Es ist unmöglich, sich dem Leiden vollständig zu verweigern, es sei denn, man verweigere sich dem Leben überhaupt, man ginge keine Verhältnisse mehr ein, man machte aus sich einen Unverwundbaren. Schmerzen, Verluste, Amputationen sind auch im glattesten Lebenslauf, den man sich denken, nicht wünschen mag, gegeben – die Ablösung von den Eltern, das Verwelken der Jugendfreundschaften, das Absterben bestimmter Gestalten des Lebens, mit dem wir uns identifiziert haben, das Altern, das Wegsterben der Angehörigen und Freunde, schließlich der Tod. Je stärker wir die Realität bejahen, je mehr wir in sie hineingetaucht sind, desto tiefer werden wir von diesen uns umgebenden und in uns eindringenden Prozessen des Sterbens berührt" (D. Sölle).

Wir haben es hier mit einem Phänomen zu tun, das eine breite Bezeugung gefunden hat durch zahllose Christen, die so jenseits aller billigen Tröstung ihr Christsein und Menschsein gelebt haben. Zahllose unheilbar Kranke, die durch ihre Krankheit ein neues Verhältnis zu sich entdeckten. Zahllose Menschen, denen sich durch eigenes Unglück, durch den Verlust oder auch Verrat eines geliebten Menschen eine neue Erfahrungsdimension ihres Lebens eröffnete. Zahllose Menschen, die durch alle Enttäuschungen,

Trennungen, Fehlschläge, Misserfolge, Demütigungen, Zurücksetzungen und Missachtungen ihr Leben zu einer neuen Qualität des Selbst verwandelten: die durch Leid hindurch reifer, erfahrener, bescheidener, im echten Sinn demütiger, offener für den Anderen, kurz, menschlicher wurden.

Leiden also braucht – und gerade für den Christen – nicht ein passiv zu ertragendes Geschick zu sein, ein Fatum, ein Schicksal, in das er sich zu fügen hätte. „Leiden ist eine Art Veränderung, die der Mensch erfährt, sie ist ein Modus des Werdens" (D. Sölle). Das Werden auf ein größeres, höheres, freieres Endziel hin. Woher aber hat der Christ diese ungeheuerliche Gewissheit jenseits von Vertröstung und Verharmlosung, von Ignorieren und Revoltieren?

Freiheit im Leid

Mit dem Blick auf Jesus bleibt der Mensch bei der mit allen Mitteln vollzogenen Bekämpfung des Leids realistisch. Er wird nie der Illusion verfallen, als ob es durch technologische Entwicklungen oder sozialrevolutionäre Veränderungen, durch Umweltveränderung, psychische Stabilisierung oder auch genetische Manipulation je einmal gelingen könnte, die Fraglichkeit der Wirklichkeit abzuschaffen, die Dialektik des Negativen aufzuheben, die Teufelskreise menschlicher Selbstzerstörung zu durchbrechen, die Macht des Nichtigen, des Chaos, des Sinnlosen in der Welt zu bändigen, ein Paradies auf Erden, ein goldenes Zeitalter, das Reich der Freiheit auch von allem Leid selber zu schaffen. Wir sahen: Selbst wenn der moderne Mensch mit der Welt fertig würde, mit sich selber – die Erfahrung eines jeden Einzelnen zeigt es immer wieder neu – wird er offensichtlich nicht fertig. Brauchen wir nochmals darauf hinzuweisen? Gerade der beispiellose äußere Fortschritt und Wohlstand der technologischen Gesellschaft hat den Menschen auch eine vielfach ebenso beispiellose innere Leere und Langeweile gebracht. Und die psychischen Krankheiten scheinen beinahe proportional zur Abnahme der physischen Krankheiten zuzunehmen. Der Mensch soll das Leid mit allen Mitteln bekämpfen. Aber es endgültig zu besiegen, ist ihm nicht gegeben.

Auch wer sich auf Jesu Weg einlässt und im Alltag sein eigenes Kreuz nüchtern auf sich nimmt, kann das Leid nicht schlechthin besiegen und beseitigen. Aber er kann es im Glauben durchstehen und bewältigen. Nie wird er dann vom Leid einfach erdrückt und im Leid verzweifelt untergehen. Wenn Jesus im äußersten Leid der Menschen- und Gottesverlassenheit nicht unterging, dann wird auch der, der in vertrauendem Glauben sich an ihn hält, nicht untergehen. Denn ihm ist im Glauben Hoffnung gegeben: dass das Leid nicht einfach das Definitive, das Letzte ist. Das Letzte ist auch für ihn ein Leben ohne Leid, das freilich weder er selbst noch die menschliche Gesellschaft je verwirklichen werden, sondern das er von der Vollendung, vom geheimnisvollen ganz Anderen, von seinem Gott erwarten darf: alles Leid definitiv aufgehoben in ewigem Leben.

Aber die Verheißung einer leidlosen Zukunft ist keine die Neugier befriedigende Prophezeiung, um auf die Zukunft zu vertrösten. Sie ist eine Aufforderung, sich mit der Gegenwart nicht einfach resignierend abzufinden, sondern sie aktiv zu bestehen: der Ruf zum Durchhalten des Leids der Gegenwart auf eine letzte leidlose Zukunft hin, die sich dem Glaubenden bereits jetzt in den Erfahrungen der leidvollen Gegenwart eröffnet. Denn wer sich auf diesen Christus und seinen Weg eingelassen hat, in wem also Christus lebt, für den *ist* der alte Mensch mit seinen Egoismen bereits gekreuzigt, für den *ist* der neue Mensch bereits lebendige Wirklichkeit geworden: das Alte ist vergangen, Neues ist geworden. Unüberwundenes Leid und immer wieder bedrohender Tod sind freilich Zeichen, dass der Mensch noch nicht vollendet ist, dass er sich letztlich nicht auf sich selbst, sondern auf Gott verlassen soll, dass er sich nie überhebe, sondern auf Gottes Kraft vertrauen soll. Denn gerade in unserer Schwäche ist Gottes Kraft am Werk, gerade wenn wir schwach sind, sind wir stark.

Dialektische Kunstgriffe? Nein, Ausdruck einer mitten im Leid schon gelebten Freiheit von Leid: die Freiheit des glaubenden Menschen, der sich in aller Not und Bedrängnis nicht erdrücken lässt, der in allem Zweifel nicht verzweifelt, in aller Einsamkeit nicht verlassen, in aller Betrübnis nicht ohne Fröhlichkeit ist, in aller Niederlage nicht vernichtet wird, in aller Leere nicht ohne Erfüllung bleibt. Paulus hat nicht nur geschrieben, sondern gelebt, was jeder auf seine Weise erfahren kann: „Von allen Seiten sind wir bedrängt, aber nicht erdrückt, in Zweifel versetzt und doch nicht in Verzweiflung, verfolgt und doch nicht verlassen, zu Boden geworfen und doch nicht vernichtet ... Sterbende, und siehe, wir leben, Gezüchtigte und doch nicht getötet, Betrübte, doch allzeit fröhlich, Arme, die jedoch viele reich machen, solche, die nichts haben und doch alles besitzen" (4 Kor 4,8f; 6,9f).

Des Menschen Dasein, in welchem Gesellschafts- und Wirtschaftssystem auch immer, ist ein durchkreuztes, ein durch das Kreuz – durch Schmerz, Sorge, Leid und Tod – bestimmtes Geschehen. Erst vom Kreuze Jesu her aber bekommt das durchkreuzte Dasein des Menschen einen Sinn. Nachfolge ist immer, manchmal verborgen, manchmal offenkundig, leidende Nachfolge, Kreuzesnachfolge. Lässt sich der Mensch darauf ein? Unter seinem Kreuz ist er Jesus dem Gekreuzigten, seinem Herrn, am nächsten. In seiner eigenen Passion ist er in die Passion Jesu Christi gestellt. Und gerade dies ermöglicht ihm in allem Leid eine letzte souveräne Überlegenheit. Denn kein Kreuz der Welt kann das Sinn-Angebot widerlegen, das im Kreuz des zum Leben Erweckten ergangen ist: dass auch das Leid, dass auch äußerste Bedrohung, Sinnlosigkeit, Nichtigkeit, Verlassenheit, Einsamkeit und Leere von einem mit dem Menschen solidarischen Gott umfangen ist und so dem Glaubenden ein Weg zwar nicht am Leid vorbei, wohl aber durch das Leid hindurch eröffnet ist, damit er, gegenüber dem Leid in aktiver Indifferenz, gerade so bereit ist zum Kampf gegen das Leid und seine Ursachen, im Leben des Einzelnen wie in der menschlichen Gesellschaft.

II. Zur Freiheit befreit

Im modernen Leben kommt es auf das an, was einer leistet. Man fragt weniger: „Wer ist das?", als: „Was ist der?", „Was macht er?" Man meint damit seinen Beruf, seine Arbeit, seine Leistungen, seine Position und sein Ansehen in der Gesellschaft. Darauf kommt es an.

Diese Fragestellung ist nicht so selbstverständlich, wie sie scheint. Sie ist typisch „westlich", obwohl sie auch in den ehemals sozialistischen Ländern des Ostblocks zu finden war und in den Entwicklungsländern ebenfalls zu finden ist. Ursprünglich beheimatet aber ist sie in der Ersten Welt, in Westeuropa und Nordamerika, wo sich die moderne Industriegesellschaft herausgebildet hat. Nur da gab es seit langem eine rational organisierte Wissenschaft mit spezialisierten Fachleuten. Nur da auch die rationale Organisation der freien Arbeit im Betrieb nach Rentabilität. Nur da ein eigentliches Bürgertum und eine spezifisch geartete Rationalisierung der Wirtschaft und schließlich der Gesellschaft überhaupt mit einer neuen Wirtschaftsgesinnung. Warum denn nur hier?

Worauf es letztlich nicht ankommt

Max Weber hat in seiner klassischen Untersuchung „Die protestantische Ethik und der Geist des Kapitalismus" (1905) diesen Vorgang genauer untersucht: Die westliche Rationalisierung wurde gewiss durch bestimmte ökonomische Bedingungen vorangetrieben (so richtig Marx). Aber andererseits kam es zur westlichen ökonomischen Rationalisierung überhaupt erst durch eine neue praktisch-rationale Wirtschaftsgesinnung, die ihren Grund in einer sehr bestimmten religiös-moralischen Lebensführung hat (so richtig Weber): Bestimmte Glaubensinhalte und Pflichtvorstellungen waren es, die diese neue Einstellung in Leben und Wirtschaft entscheidend hervorbrachten. Inwiefern?

Die Wurzeln reichen, erstaunlich genug, in die angeblich heute nicht mehr aktuellen Fragen der Reformationszeit zurück: In ungewollter Folge der strengen calvinistischen Lehre von einer doppelten Erwählung (Prädestination der einen zur Seligkeit – der anderen zur Verdammung) betonte man in den von Calvin beeinflussten Kirchen die „Heiligung", die Werke im Alltag, die Berufsarbeit als Erfüllung der Nächstenliebe und ihren Erfolg – dies alles nämlich verstanden als sichtbare Zeichen einer positiven Erwählung zur ewigen Seligkeit. Nicht aus aufklärerischen, sondern aus religiösen Motiven also war es zum Geist der rastlosen Arbeit, des Berufserfolges und des ökonomischen Fortschritts gekommen: eine höchst folgenreiche Kombination von intensiver Frömmigkeit und kapitalistischem Geschäftssinn in historisch wichtigen Kirchen und Sekten, bei den englischen, schottischen und amerikanischen Puritanern, den französischen Hugenotten, den deutschen Reformierten und Pietisten.

Je mehr nun die Säkularisierung alle Bereiche des Lebens ergriff und je mehr sich das moderne Wirtschaftssystem durchsetzte, um so mehr wurden unermüdlicher Fleiß (industria), strenge Disziplin und hohes Verantwortungsbewusstsein die Tugenden des säkularen, mündig gewordenen Menschen in der „Industrie"-Gesellschaft. Allseitige „Tüchtigkeit" wurde die Tugend schlechthin, der „Nutzen" die Denkweise, der „Erfolg" das Ziel, die „Leistung" das Gesetz dieser modernen Leistungsgesellschaft, in der ein jeder seine Rolle (Hauptrolle im Beruf und meist verschiedene Nebenrollen) zu spielen hat.

So versucht der Mensch nun in einer dynamisch sich entwickelnden Welt und Gesellschaft sich selbst zu verwirklichen: anders als in der früheren statischen Welt menschliche Selbstverwirklichung, um die es ja dem Menschen in jedem Fall gehen muss, durch eigene Leistungen. Nur der ist etwas, der etwas leistet. Und was kann Schlimmeres von einem Menschen gesagt werden, als dass er nichts leiste? Arbeit, Karriere, Geldverdienen – was sollte wichtiger sein? Industrialisieren, Produzieren, Expandieren, Konsumieren im

Großen wie im Kleinen, Wachstum, Fortschritt, Perfektion, Verbesserung des Lebensstandards in jeder Hinsicht: ist nicht das der Sinn des Lebens? Wie anders denn durch Leistungen soll der Mensch seine Existenz rechtfertigen? Die ökonomischen Werte rangieren zuoberst in der Wertordnung, Beruf und Tüchtigkeit bestimmen den sozialen Status, die Ausrichtung auf Wohlfahrt und Leistung lassen die Industrienationen dem Druck der Urarmut entrinnen und führen die Wohlfahrtsgesellschaft herauf.

Aber gerade dieses so erfolgreiche Leistungsdenken wird schließlich zu einer ernsthaften Bedrohung für die Menschlichkeit des Menschen: Nicht nur dass der Mensch die höheren Werte und einen umfassenden Sinn des Lebens aus den Augen verliert, sondern dass er sich zugleich an die anonymen Mechanismen, Techniken, Mächte, Organisationen dieses Systems verliert. Denn je größer Fortschritt und Perfektion, um so stärker die Einordnung des Menschen in den komplexen ökonomisch-sozialen Prozess: Immer noch strengere Disziplin, die den Menschen gefangen nimmt. Immer noch mehr Einsatz und Fleiß, der den Menschen nicht mehr zu sich selber kommen lässt. Immer noch mehr Verantwortung, die den Menschen ganz in seiner Aufgabe vereinnahmt. Immer engmaschiger das von der Gesellschaft selber geschaffene Normennetz, das den Menschen nicht nur in seinem Beruf und in seiner Arbeit, sondern auch in seiner Freizeit, seiner Unterhaltung, seinem Urlaub, seinen Reisen unbarmherzig umspannt und reglementiert. Der Straßenverkehr in jeder Stadt mit seinen Tausenden von Verboten, Geboten, Signalen, Wegweisern, die es alle früher nicht brauchte und an die man sich jetzt, will man überleben, peinlichst halten muss, ist ein Bild für das von morgens bis abends durchorganisierte, vollnormierte, bürokratisierte und bald auch computerisierte moderne Alltagsleben. Eine neue *säkulare Gesetzlichkeit* in allen Sektoren des menschlichen Lebens von noch nie da gewesenem und auch vom einzelnen Juristen nicht mehr zu übersehendem Ausmaß, der gegenüber die alttestamentliche (religiöse) Gesetzlichkeit und die Auslegungskunst der damaligen Gesetzesgelehrten reichlich harmlos erscheinen.

Aber je mehr nun der Mensch die Forderungen dieser Gesetzlichkeit erfüllt, um so mehr verliert er seine Spontaneität, Initiative, Eigenständigkeit, um so weniger hat er Raum für sich selbst, für sein Menschsein. Oft hat der Mensch das Gefühl, er sei für die Gesetze (Paragraphen, Bestimmungen, Handlungs- und Gebrauchsanweisungen) da, nicht die Gesetze für ihn. Und je mehr er sich in diesem Netz von Erwartungen, Bestimmungen, Normen und Kontrollen verliert, desto mehr klammert er sich an sie, um in ihnen sich selbst bestätigt zu finden. Das ganze Leben ein höchst strapazierender und rasch verschleißender „Leistungssport" mit ständigen Leistungskontrollen: vom Berufs- bis zum Sexualleben nur ja kein Leistungsabfall, wo immer möglich eine Leistungssteigerung. Im Grunde ein tödlicher Regelkreis, in dem die Leistung den Menschen in Abhängigkeiten treibt, denen er nun durch neue Leistung glaubt entkommen zu können: ein großer *Verlust der Freiheit.*

So erfährt der Mensch in moderner Form das, was Paulus den Fluch des Gesetzes genannt hat: Das moderne Leben hält ihn unter Leistungszwang, Zugzwang, Erfolgszwang. Ständig muss er sich in seiner Existenz selbst rechtfertigen: nicht mehr wie früher vor dem Richterstuhl Gottes, sondern vor dem Forum seiner Umwelt, vor der Gesellschaft, vor sich selbst. Und rechtfertigen kann er sich in dieser Leistungsgesellschaft nur durch Leistung: nur durch Leistungen ist er etwas, behält er seinen Platz in der Gesellschaft, gewinnt er das Ansehen, das er braucht. Nur durch das Vorweisen von Leistungen kann er sich selbst behaupten.

Ist nun die Gefahr nicht sehr greifbar geworden, dass sich der Mensch unter diesem ungeheuren Leistungszwang, ja Leistungswahn, unter den Rollenerwartungen seiner Umgebung und der Konkurrenz von allen Seiten, die ihn zu überrollen droht, nur noch von außen leiten lässt, dass er sich an seine eigene Rolle völlig verliert: dass er nur noch Manager, Kaufmann, Wissenschaftler, Beamter, Techniker, Arbeiter,

Berufsmensch ist und nicht mehr – Mensch? „Identitätsdiffusion" (E. H. Erikson) an die verschiedenen Rollen, und so Identitätskrise und Identitätsverlust: der Mensch ist nicht mehr er selbst, ist sich selber entfremdet. Er muss sich doch selber und aus eigener Kraft behaupten, gegen die Anderen und so oft auf Kosten der Anderen! Er lebt im Grunde für sich allein und versucht, alle Anderen zu seinen Zwecken zu benützen.

Die Frage ist nur: Wird der Mensch auf diesem Wege glücklich werden? Werden sich die Anderen auf diese Weise von ihm benützen und vereinnahmen lassen? Kann er selber unter dem Gesetz der Leistung alle die Forderungen, die immer wieder neu an ihn ergehen, überhaupt erfüllen? Und vor allem: Kann er durch alle seine Leistungen seine Existenz wirklich rechtfertigen? Rechtfertigt er damit im Grunde nicht doch nur seine Rolle oder seine Rollen, die er zu spielen hat, aber nicht sein Sein? Ist er denn wirklich das, was er in seinem Tun ist? Ein Mensch kann doch ein fabelhafter Manager, Wissenschaftler, Beamter oder Facharbeiter sein und seine Rolle nach allgemeinem Urteil glänzend spielen, und doch als Mensch völlig versagen: Er kreist zwar um sich, kommt aber gar nicht zu sich selbst. Er merkt nicht einmal, dass er bei allen seinen Leistungen sich selbst verloren hat, dass er sich selber wiederfinden müsste und dass er sich nicht wiederfinden wird, wenn er nicht zur Besinnung kommt. Durch alle Leistungen, durch all sein Tun gewinnt der Mensch noch keineswegs Sein, Identität, Freiheit, Personsein, gewinnt er noch keineswegs die Bestätigung seines Ich und den Sinn seiner Existenz. Wer nur sich selber bestätigen, nur sich selber rechtfertigen will, der wird sein Leben verfehlen. Man ist an das Wort erinnert: Wer sein Leben erhalten will, wird es verlieren (Mt 16,25). Aber – bleibt ihm denn überhaupt etwas anderes übrig, als durch seine Leistungen sich selbst zu bestätigen, sich selbst zu rechtfertigen?

Es gibt auch einen anderen Weg: Nicht etwa nichts tun. Nicht etwa auf Leistung von vornherein verzichten. Nicht etwa die nun einmal in der Gesellschaft zu spielende Rolle plötzlich verweigern, gar den Beruf aufgeben. Aber wissen, dass der Mensch in seinem Beruf und seiner Arbeit nicht aufgeht, dass die Person mehr ist als ihre Rolle, dass die Leistungen zwar wichtig, aber nicht entscheidend sind: die guten nicht und die schlechten nicht. Kurz: dass es letztlich gerade nicht auf die Leistungen ankommt!

Worauf es letztlich ankommt

Wie kann man es wagen, gegen den ganzen Geist der Neuzeit angesichts der nun einmal bestehenden – und im Westen wie im Osten in verschiedener Weise solide etablierten Leistungsgesellschaft so Ungeheuerliches zu behaupten? Nach all dem Vorausgegangenen wird man es vielleicht doch nicht so ungeheuerlich finden: Von diesem Jesus Christus her kann man es tatsächlich behaupten, dass es letztlich nicht auf die Leistungen des Menschen ankommt. Von Jesus Christus her sollte es sogar möglich sein, eine andere *Grundhaltung* einzunehmen, ein anderes Bewusstsein zu erreichen, eine andere Lebenseinstellung zu gewinnen, um die Grenzen des Leistungsdenkens zu erkennen, um dem Leistungswahn zu entrinnen und den Leistungszwang zu durchbrechen, wirklich frei zu werden. So muss nüchtern und realistisch die Tendenz zur Entmenschlichung im Leistungsgesetz durchschaut werden, um der Menschen willen, die nun einmal nicht aus dieser Leistungsgesellschaft emigrieren können, sondern hier leben und arbeiten müssen, von ihr Bestätigung erfahren und sich doch nach einer qualitativ anderen Freiheit sehnen.

Wir erinnern uns: *Jesus* verwarf nicht Leistungen an sich, gesetzliche, rituelle, moralische. Aber er wandte sich entschieden dagegen, dass gerade die Leistungen das Maß des Menschseins bestimmen sollen. Was sagte er von jenem Leistungspharisäer, der meinte, aufgrund seiner Leistungen vor Gott und den Menschen etwas zu gelten, etwas zu sein und so in seiner ganzen Existenz, in seiner Position und seinem Ansehen voll gerechtfertigt dazustehen? Jesus sagte: dieser ging nicht gerechtfertigt nach Hause. Und was sagte derselbe Jesus von jenem Leistungsversager, der keine Leistungen oder bestenfalls moralisch minderwertige aufzuweisen hatte, der aber auch gar nicht versuchte, vor Gott gerechtfertigt dazustehen, sondern sich Gott in seinem ganzen Versagen stellte und seine einzige Hoffnung auf Gottes Erbarmen setzte? Von ihm sagte Jesus: Dieser ging gerechtfertigt nach Hause.

Womit noch ein weiteres deutlich geworden ist: Es sind nicht etwa nur die positiven, schönen und guten Leistungen des Menschen, auf die es letztlich nicht ankommt. Die tröstliche Seite derselben Botschaft ist: es sind auch die negativen, bösen und hässlichen „Leistungen" des Menschen – und wieviel „leistet" sich jeder Mensch, auch wenn er nicht gerade ein sündiger Zöllner ist –, auf die es letztlich, zu unserem Glück, ebensowenig ankommt. Letztlich kommt es bei allem unumgänglichen Tun und Lassen des Menschen auf etwas anderes an: *dass der Mensch im Guten wie im Bösen auf gar keinen Fall je sein unbedingtes Vertrauen aufgibt.* Dass er also in seinen großen und guten Taten weiß, dass er nichts hat, was er nicht empfangen, und dass zur Einbildung, zum Renommieren und Imponieren kein Anlass besteht. Vom ersten Moment seines Lebens bis zum letzten empfängt er, ist er auf andere angewiesen, erhält er sein Leben täglich neu, verdankt er sich in allem, was er ist und hat, anderen.

Es kommt aber zugleich darauf an, dass der Mensch auch in seinem Versagen, es sei so beschämend wie immer, weiß, dass er nie Anlass zum Aufgeben und Verzweifeln hat. Dass er auch und gerade in all seiner Schuld getragen bleibt von dem, der nur als der Erbarmende richtig verstanden und ernstgenommen wird. Woher hat der Mensch diese Gewissheit? Der Gekreuzigte, der in absoluter Passivität zu keiner Leistung mehr fähig ist und der schließlich doch gegen die Vertreter der frommen Leistungen als der von Gott Gerechtfertigte dasteht, ist und bleibt das lebendige Zeichen Gottes dafür, dass das Entscheidende nun eben doch nicht vom Menschen und seinen Taten, sondern – zum Wohl des Menschen im Guten wie im Bösen – vom barmherzigen Gott abhängt, der vom Menschen in dessen eigener Passion ein unerschütterliches Vertrauen erwartet.

Vom Gekreuzigten her ist es denn, wie wir uns auch nur zu erinnern brauchen, gar nicht verwunderlich, wenn Paulus nun gerade dies als Zentralpunkt seiner Botschaft verkündigt, dass der Mensch nicht aufgrund seiner Leistungen vor Gott und Menschen gerechtfertigt dasteht. Auch Paulus verwarf nicht die Leistungen. Er konnte sich rühmen, mehr als alle anderen Apostel geleistet zu haben, und er erwartete von seinen Christen Taten, Früchte des Geistes, Äußerungen der Liebe: der Glaube ist durch die Liebe tätig (Gal 5,6). Aber entscheidend sind die Leistungen nicht. Entscheidend ist der Glaube, dieses unbedingte, unerschütterliche Sich-Gott-Anvertrauen – ungeachtet aller eigenen Fehlleistungen und Schwächen, ungeachtet aber auch der eigenen positiven Leistungen, Vorzüge, Verdienste und Ansprüche. Der Mensch soll sich in allem Gott anvertrauen und empfangen, was Gott ihm schenken will.

Nur Theologen, die die paulinische Rechtfertigungsbotschaft nicht verstanden haben, können in der heutigen Leistungsgesellschaft, sich wieder einmal falsch anpassend, dazu auffordern, mehr auf das „Operationelle" und damit auf den Jakobusbrief und dessen „Rechtfertigung durch die Werke" (Jak 2,14–26) zu achten. Als ob Paulus das „Operationelle" nicht sehr viel besser verstanden hätte als jener uns unbekannte hellenistische Judenchrist am Ende des 1. Jahrhunderts, der sich optima fide des Namens des Herrenbruders Jakobus bediente, um nach bestem Wissen und Können gegen faule Orthodoxie die Notwendigkeit der Orthopraxie zu verteidigen. Mit ihm verglichen – und man kommt hier um Vergleiche nicht herum –, hat Paulus nicht nur die Orthopraxie besser verteidigt. Er hat auch ganz anders umfassend verstanden und begründet, worauf es im Menschsein und Christsein entscheidend ankommt.

Hier soll selbstverständlich nicht pauschal gegen Leistungen, gute Werke, Arbeit, berufliches Fortkommen polemisiert werden, als ob der Christ nicht aufgefordert sei, aus seinen „Talenten" das Beste zu machen. Christliche Rechtfertigungsbotschaft liefert nicht die Rechtfertigung für eigenes Nichtstun. Gute Taten sind wichtig. Aber Grundlage der christlichen Existenz und Kriterium für das Bestehen vor Gott kann nicht die Berufung auf irgendwelche Leistungen sein: keine Selbstbehauptung, keine Selbstrechtfertigung des Menschen. Sondern nur das unbedingte Festhalten an Gott durch Jesus in einem glaubenden Vertrauen. Eine ungemein ermutigende Botschaft ist hier verkündet, die dem Menschenleben sogar durch alles unvermeidbare Versagen, Irren und Verzweifeln hindurch eine solide Basis gibt und die es zugleich vom religiösen oder säkularen Leistungsdruck zu befreien vermag zu einer Freiheit, die auch durch schlimme und schlimmste Situationen hindurchzutragen vermag.

Wie grundlegend Vertrauen für das Menschenleben ist, wie der Mensch nur mit einem „Grundvertrauen" die Identität, Werthaftigkeit und Sinnhaftigkeit der Wirklichkeit und insbesondere seines eigenen Daseins anzunehmen vermag, wurde schon in einem sehr frühen Stadium dieser Darlegungen betont. Jetzt aber ist in ganz anderer Tiefe deutlich geworden, dass der Mensch, will er überhaupt zur Selbstverwirklichung kommen, will er als Person Freiheit, Identität, Sinn, Glück gewinnen, dies nur im unbedingten Vertrauen auf den tun kann, der ihm dies alles zu geben vermag. Im glaubenden Vertrauen auf Gott, wie es von Jesus Christus ermöglicht wird, erscheint das Grundvertrauen des Menschen aufs Beste „aufgehoben". Im Blick auf Jesus ein Vertrauen zu Gott, das nicht anbewiesen werden kann, das aber, wird es gewagt und vollzogen, aus sich selbst seine Sinnhaftigkeit und seine befreiende Kraft erweist.

Worin zeigt sich diese Freiheit? Nicht dass der Mensch in einer illusionären Weise total autonom, völlig unabhängig, absolut bindungslos wäre. Hat doch jeder Mensch seinen Gott oder seine Götter, die für ihn maßgebend sind, nach denen er sich richtet, denen er alles opfert. Sondern dass der

Mensch von der Abhängigkeit und den Bindungen an die falschen Götter befreit wird, die ihn unbarmherzig zu neuen Leistungen antreiben: sei es nun das Geld oder die Karriere oder das Prestige oder die Macht oder der Genuss, oder was immer für ihn der oberste Wert ist.

Bindet der Mensch sich allein an den einen wahren Gott, der mit keiner der endlichen Wirklichkeiten identisch ist, so wird er frei gegenüber allen endlichen Werten, Gütern, Mächten. Er erkennt dann auch die Relativität seiner eigenen Leistungen und Fehlleistungen. Er steht nicht mehr unter dem unbarmherzigen Gesetz des Leisten-Müssens. Er ist zwar nicht dispensiert von aller Leistung. Wohl aber ist er befreit vom Leistungszwang und Leistungswahn. Er geht nicht mehr auf in seiner Rolle oder seinen Rollen. Er kann der sein, der er ist.

Wer so nicht für sich selber lebt, wird wahrhaft zu sich selber kommen, Mensch sein, Sinn, Identität, Freiheit gewinnen. Man ist an das Wort erinnert: Wer sein Leben verliert um meinetwillen – auf Jesu Botschaft und Person hin –, der wird es gewinnen. Sinn, Freiheit, Identität, Rechtfertigung seiner Existenz kann dem Menschen nur geschenkt werden. Und ohne Empfangen, das vorausgeht, kein Handeln. Ohne Gnade, die ermöglicht, keine Leistung. Ohne wahre Demut gegenüber dem einen Gott keine wahre Überlegenheit gegenüber den vielen Pseudo-Göttern. Nur vom einen wahren Gott wird dem Menschen die große souveräne Freiheit geschenkt, die ihm neue Freiheitsräume und neue Freiheitschancen eröffnet gegenüber all dem Vielen, was ihn in dieser Welt versklaven kann.

So steht denn der Mensch nicht nur in seinen Leistungen und Rollen, sondern in seiner ganzen Existenz, in seinem Menschsein gerechtfertigt da, ganz unabhängig von seinen Leistungen. *Er weiß, dass sein Leben einen Sinn hat:* nicht nur in Erfolgen, auch in Misserfolgen, nicht nur bei Glanzleistungen, auch bei Fehlleistungen, nicht nur bei Leistungssteigerung, sondern bei Leistungsabfall. Sein Leben hat also einen Sinn selbst dann, wenn er von seiner Umgebung oder

der Gesellschaft aus irgendeinem Grund nicht mehr akzeptiert sein sollte; wenn er von den Gegnern vernichtet und den Freunden verlassen ist, wenn er sich für das Falsche eingesetzt und Misserfolge geerntet hat, wenn seine Leistungen nachlassen und von anderen ersetzt werden, wenn er für gar niemand mehr von Nutzen ist. Selbst der bankrotte Geschäftsmann und die völlig vereinsamte Geschiedene, selbst der gestrandete und vergessene Politiker, der 50–jährige Arbeitslose, die gealterte Prostituierte oder der Schwerverbrecher in der Strafanstalt brauchen nicht zu verzweifeln. Sie alle, auch wenn sie von niemandem mehr anerkannt werden, bleiben anerkannt von dem, auf dessen Anerkennung es letztlich allein ankommt, vor dem es kein Ansehen der Person und ein Gericht nach den Maßstäben seiner Güte gibt.

Worauf also kommt es letztlich an im Menschenleben: Dass einer, ob gesund oder krank, arbeitsfähig oder arbeitsunfähig, leistungsstark oder leistungsschwach, erfolgsgewohnt oder erfolgsverlassen, schuldig oder unschuldig, nicht nur am Ende, sondern sein ganzes Leben hindurch an jenem Vertrauen unbeirrt und unerschüttert festhält, das wir mit dem ganzen Neuen Testament den *Glauben* nennen. Wenn dann sein „Te Deum" dem einen wahren Gott und nicht den vielen falschen Göttern gilt, dann darf er es wagen, auch das Ende dieses Hymnus, in welcher Situation auch immer, als Verheißung auf sich zu beziehen: „In te, Domine, speravi, non confundar in aeternum" – Auf dich, Herr habe ich vertraut, und ich werde in Ewigkeit nicht zuschanden".

III. Der Gott der Liebe

Wir haben das Wort Liebe im Zusammenhang mit Gott nicht leichtsinnig in den Mund genommen. Reden doch manchmal Theologen so von der Liebe, dass es einem kalt über den Rücken läuft. Aber hier ist es angebracht, noch etwas weiter nachzudenken, und hier eröffnet sich uns ein neuer und vielleicht der tiefste Aspekt: Sinn des Lebens – selbst im Negativen, im Leiden und Sterben.

Vom Leben betrogen?

Simone de Beauvoir, die Gefährtin Jean-Paul Sartres, älter geworden, beschließt den dritten Band ihrer Memoiren „Der Lauf der Dinge" (1963) mit einem Rückblick auf das von ihr so leidenschaftlich bejahte Leben: „Manchmal ist mir der Gedanke, mich ins Nichts aufzulösen, genauso abscheulich wie früher. Voller Melancholie denke ich an all die Bücher, die ich gelesen, an all die Orte, die ich besucht habe, an das Wissen, das sich angehäuft hat und das nicht mehr da sein wird. Die ganze Musik, die ganze Malerei, die ganze Kultur, soviele Bindungen: plötzlich bleibt nichts mehr ... Wenn ich wenigstens die Erde bereichert, wenn ich etwas geschaffen hätte ... was denn? Einen Hügel? Eine Rakete? Aber nein. Nichts wird stattgefunden haben. Ich sehe die Haselstrauchhecke vor mir, durch die der Wind fuhr, ich höre noch die Versprechungen, mit denen ich mein Herz berauschte, als ich diese Goldmine zu meinen Füßen betrachtete, ein ganzes Leben, das vor mir lag. Sie wurden erfüllt. Aber wenn ich jetzt einen ungläubigen Blick auf dieses leichtlebige junge Mädchen werfe, entdecke ich voller Bestürzung, wie sehr ich geprellt worden bin."

Sind wir vielleicht doch allesamt Geprellte? Oder gibt es einen Sinn, nicht nur für die Jugend, sondern auch für das Alter, nicht nur für Zeiten des Glücks, sondern auch für Zeiten des Unglücks, für Zeiten des Leids?

Dass *Leid* tatsächlich der Testfall ist für Grundvertrauen und Gott-Vertrauen, für den alttestamentlichen wie den neutestamentlichen Gottesglauben, wird von vielen Menschen bezeugt. Immer wieder bricht die Frage hier auf, vor allem wenn es den Menschen unschuldig trifft: Warum konnte Gott das Übel nicht verhindern? Warum? Entweder er kann es nicht; ist er dann wirklich allmächtig? Oder er will es nicht; ist er dann noch der gute Gott, auf den ich mein Vertrauen setzen soll? Oder er kann und will es nicht, ist er dann nicht machtlos und missgünstig zugleich? Nicht doch ein Despot, ein Betrüger, Spieler, Henker?

Gibt es denn angesichts der überwältigenden Realität des Leids im Menschenleben und in der Menschheitsgeschichte zur Hoffnungslosigkeit der Simone de Beauvoir eine Alternative? Eine Alternative auch zur Empörung etwa eines Iwan Karamasoff gegen diese für ihn inakzeptable Gotteswelt? Oder zur Revolte eines Camus, der wie Dostojewski auf die Leiden der unschuldigen Kreatur hinweist? Statt als emanzipierter, autonomer Prometheus sich gegen die Macht der Götter aufzulehnen oder aber wie Sisyphus den Felsblock vergeblich immer neu den Berg hinaufzuwälzen, von dessen Gipfel der Stein von selbst wieder herunterrollt, kann man, wie wir sahen, die Haltung des Hiob einnehmen: trotz allem Leid dieser Welt ein unbedingtes, unerschütterliches Vertrauen zum unbegreiflichen Gott. Aber die Frage kommt einem doch: Was ist das für ein unbegreiflicher, teilnahmsloser Gott, der, erhaben über allem Leid, Menschen in ihrem unermesslichen Elend sitzen, kämpfen, protestieren, umkommen oder eben einfach resignieren und sterben lässt? Dies ist Anlass zum Atheismus für viele.

Freilich, auch diese Frage lässt sich umkehren: Ist Gott wirklich so erhaben über allem Leid, wie wir ihn uns menschlich vorstellen und bei allen unseren Protesten voraussetzen, wie ihn gerade Philosophen denken? gewiss kann einer sagen: Wenn man das unendliche Leid der Welt anschaut, kann man nicht glauben, dass es einen Gott gibt. Doch lässt sich auch umgekehrt sagen: Nur wenn es einen

Gott gibt, kann man dies unendliche Leid der Welt überhaupt anschauen! Wir denken an den Göttlicheren Gott: Erscheint Gott nicht gerade in Leben und Leiden Jesu doch in
einem *anderen Licht?* Ist in Jesu Leben und Leiden nicht
über alle Unbegreiflichkeit Gottes hinaus, wie sie Hiob so
schmerzlich erfuhr, eine definitive Erlösung durch den unbegreiflichen Gott offenbar geworden, die Leid und Tod
zum ewigen Leben und zur Erfüllung aller Sehnsucht wan-
delt? Gewiss, das Faktum des Leidens kann auch von Jesus
her nicht rückgängig gemacht werden; es bleibt immer ein
Rest von Zweifel möglich. Nur das eine, allerdings Entscheidende, lässt sich vom Leben und Leiden dieses Einen den an-
scheinend sinnlos Lebenden und Leidenden sagen: Auch
manifest sinnloses menschliches Leben und Leiden kann einen Sinn haben, kann einen Sinn bekommen!

Einen verborgenen Sinn: Ich kann ihn meinem Leben und
Leiden nicht selbst anheften, aber ich kann ihn im Lichte
des vollendeten Lebens und Leidens dieses Einen empfangen. Keine automatische Sinn-Gebung: Es soll kein menschliches Wunschdenken befriedigt, keine Leidverklärung pro-
klamiert, kein psychisches Beruhigungsmittel, kein billiger
Trost vermittelt werden. Wohl aber ein frei-bleibendes Sinn-
Angebot. Auch hier muss ich mich entscheiden. Ich kann
diesen – verborgenen – Sinn ablehnen: in Trotz, Zynismus
oder Verzweiflung. Ich kann ihn auch annehmen: in glaubendem Vertrauen auf ihn, der dem sinnlosen Leiden und
Sterben Jesu Sinn verliehen hat. Es erübrigt sich dann mein
Protest, meine Empörung, die Frustration bleibt aus, die Verzweiflung hat ein Ende. Das Gott-Vertrauen als *Verwur-
zelung des Grundvertrauens* erreicht hier seine größte Tiefe.

Ein mit-leidender Gott

Dieses Sinn-Angebot bedeutet ganz konkret: Meine Situation mag noch so trostlos, sinnlos, verzweifelt sein – auch
hier ist Gott da. Nicht nur im Licht und in der Freude, auch

im Dunkel, in der Trauer, im Schmerz, in der Melancholie *kann* ich ihm begegnen. Was von Leibniz behauptet und von Dostojewski dunkel erspürt, das wird dem Hiob bestätigt und vom auferweckten Gekreuzigten her definitiv offenbar und gewiss: Auch mein Leiden ist von Gott umfangen, auch mein Leiden kann bei aller Gottverlassenheit Ort der Gottbegegnung werden. Damit weiß ich keinen Weg am Leid vorbei, aber ich weiß einen Weg hindurch: in aktiver Indifferenz letztlich gelassen gegenüber dem Leid und gerade so zum Kampf gegen das Leid und seine Ursachen bereit. Mit dem Blick auf den einen Leidenden und in glaubendem Vertrauen auf den, der in seinem und meinem Leid verborgen anwesend ist und der selbst in äußerster Bedrohung, Sinnlosigkeit, Nichtigkeit, Verlassenheit, Einsamkeit und Leere mich trägt und hält, darf ich wissen: Es ist ein Gott, der als Mit-Betroffener neben den Menschen steht, ein Gott solidarisch mit den Menschen. Kein Kreuz der Welt kann das Sinn-Angebot widerlegen, das im Kreuz des zum Leben Erweckten ergangen ist.

Nirgendwo deutlicher als in Jesu Leben und Wirken, Leiden und Sterben ist es mir sichtbar geworden: dieser Gott ist ein Gott für die Menschen, ein Gott, der ganz auf unserer Seite steht! Nicht ein angstmachender, theokratischer Gott „von oben", wie man ihn mit Bloch noch im Alten Testament feststellen kann. Sondern ein menschenfreundlicher, *mit-leidender Gott*, „mit uns unten". Nein, nicht ein grausamer Willkür- und Gesetzesgott hat sich mir in Jesus manifestiert, sondern ein mir als rettende Liebe begegnender Gott, der sich in Jesus mit mir solidarisiert hat, der Liebe nicht fordert, sondern schenkt: der selber ganz Liebe ist: „Denn Gott ist Liebe. Darin ist die Liebe Gottes zu uns offenbar geworden, dass Gott seinen einzigen Sohn in die Welt gesandt hat, damit wir durch ihn leben."

Gegen einen über allem Leiden in ungestörter Glückseligkeit oder apathischer Transzendenz thronenden Gott kann ich revoltieren. Aber nicht gegen den Gott, der mir in Jesu Leid sein ganzes Mit-Leid geoffenbart hat. Gegen eine abstrakt betrachtete Gerechtigkeit Gottes und gegen eine für die Gegenwart prästabilierte oder für die Zukunft postulierte Harmonie des Universums kann ich revoltieren. Aber nicht gegen die in Jesus manifest gewordene Liebe des Vaters der Verlorenen, die in ihrer voraussetzungslosen Grenzenlosigkeit auch mein Leid umfasst, meine Empörung zum Schweigen bringt, meine Frustration überwindet und mir in allen anhaltenden Nöten ein Durchhalten und schließlich ein Obsiegen ermöglicht.

Gottes Liebe bewahrt mich nicht *vor* allem Leid. Sie bewahrt mich aber *in* allem Leid. So hebt für mich in der Gegenwart an, was freilich erst in Zukunft vollendet sein wird: der definitive Sieg der Liebe eines Gottes, der nicht ein teilnahmsloses und liebloses Wesen ist, den Leid und Unrecht nicht rühren können, sondern der sich in Liebe selber des Leids der Menschen angenommen hat und annehmen wird. Der Sieg der Liebe Gottes, wie sie Jesus verkündet und manifestiert hat, als der letzten, entscheidenden Macht: das ist das Gottesreich! Denn die Sehnsucht Blochs, Horkheimers und Ungezählter in der Menschheitsgeschichte nach Gerechtigkeit in der Welt, nach echter Transzendenz, nach „dem ganz Anderen", „dass der Mörder nicht über das unschuldige Opfer triumphieren möge", soll in Erfüllung gehen. Wie auf den letzten Seiten der Schrift jenseits aller kritischen Theorie und kritischen Theologie verheißen: „Gott selbst wird als ihr Gott bei ihnen sein. Er wird alle ihre Tränen abwischen. Es wird keinen Tod mehr geben und keine Traurigkeit, keine Klage und keine Qual. Was einmal war, ist für immer vorbei" (Offenbarung 21,3f).

Zum Schluss

Ein Gebet des Vertrauens

Grundlegend für Abraham ist – folgen wir dem Buche Genesis – das Vertrauen auf Gott. Grundlegend ist der unbedingt vertrauende Glaube. Dieser Glaube, heißt es, wird Abraham „zur Gerechtigkeit angerechnet". Dabei wird Glaube in der ganzen Hebräischen Bibel nie als Annahme einer vorgelegten Wahrheit als ein „Für-wahr-Halten" von Unbeweisbarem verstanden, sondern als unerschütterliches Vertrauen auf eine menschlich nicht zu realisierende Verheißung, als Treue, als Zuversicht, als „Amen"-Sagen. Abraham ist demnach Ur- und Vorbild eines in diesem Sinne Glaubenden, ein Mann, der aufgrund dieses Glaubens dann auch die allergrößte Probe bestehen kann – das ihm zugemutete, aber eben von Gott letztlich doch nicht gewollte Opfer seines Sohnes.

Ein erfreuliches Fazit: Man hat nicht ohne Grund die drei Religionen, die sich auf ihn, Abraham, berufen und in denen der Mensch „vor" Gott steht, sich ganz auf Gott verlässt und so „an" Gott glaubt – im Gegensatz zu den mystischen Einheitsreligionen Indiens oder auch den Weisheitsreligionen Chinas – als Glaubensreligionen bezeichnet. Abraham erscheint so als der gemeinsame Stammvater aller drei großen Religionen semitischen Ursprungs, die man deshalb auch die drei abrahamischen Religionen nennt. Sie können als ein großes religiöses Stromsystem nahöstlichen Ursprungs verstanden werden, das sich von den Systemen indischen oder fernöstlichen Ursprungs wesentlich unterscheidet.

So wage ich hier eine Anregung vorzutragen, die vielleicht doch ein Nachdenken verdient. Wer, ob als Jude, Christ oder Muslim, nach Jerusalem kommt, wird ja mit der unausweichlichen Tatsache konfrontiert, dass es ein

Heiligtum für den einen Gott Abrahams bereits gibt. Ja, es ist gerade dieses einzigartige Heiligtum auf dem alten Tempelplatz in Jerusalem, der „Felsendom". Durch die Gottesverehrung der Muslime ist dieser durch die Römer entheiligte und die byzantinischen Christen vernachlässigte heilige Platz neu geheiligt worden. An diesem Ort könnten Muslime, Christen und Juden heute gemeinsam beten. Auf diese Weise würde der Felsendom – gegenwärtig ein Zeitzeichen tragischer religiöser Spannungen – zu einem Einheitszeichen der abrahamischen Ökumene, zu einem Dom der Versöhnung für die drei auf Abraham zurückgehenden Religionen. Wie im Mittelalter Jerusalem als Mittelpunkt der Erde angesehen und manche Weltkarten jerusalemzentriert waren, so würde diese Gebetsstätte mit ihrer strahlend goldenen Kuppel für die ganze Welt ein zentrales Symbol dafür, dass die drei Religionen, sich im Glauben und im Gebet zu dem einen Gott versammeln können – alles zum Zeichen der Verständigung, die dann auch praktische Zusammenarbeit zur Folge haben soll. Ich denke an ein Gebet etwa wie folgt:

*Verborgener, ewiger, unermesslicher, erbarmungsreicher
Gott,
außer dem es keinen anderen Gott gibt.
Groß bist Du und allen Lobes würdig.
Deine Kraft und Gnade erhält das All!*

*Du Gott der Treue ohne Falsch, gerecht und wahrhaftig,
hast den Abraham, Deinen Dir ergebenen Diener,
zum Vater vieler Völker erwählt
und hast gesprochen durch die Propheten.
Dein Name sei geheiligt und gepriesen in aller Welt,
und Dein Wille geschehe, wo immer Menschen leben.*

*Lebendiger und gütiger Gott, erhöre unser Gebet:
Groß geworden ist unsere Schuld.
Vergib uns Kindern Abrahams unsere Kriege,*

unsere Feindschaften, unsere Missetaten gegeneinander.
Erlöse uns aus aller Not und schenke uns den Frieden.

Segne Du, Lenker unseres Geschicks,
die Leiter und Führer der Staaten,
dass sie nicht gieren nach Macht und Ehre,
sondern handeln in Verantwortung für das Wohlergehen
und den Frieden der Menschen.
Führe Du unsere Religionsgemeinschaften und ihre Vor-
steher,
damit sie die Botschaft vom Frieden nicht nur verkünden,
sondern auch selber leben.
Uns allen aber, und auch denen, die nicht zu uns gehören,
schenke Deine Gnade, Barmherzigkeit und alles Gute
und führe uns Du, Gott der Lebendigen,
auf dem rechten Weg in Deine ewige Herrlichkeit.

Erstveröffentlichungen und Rechtenachweis

A I: Unveröffentlicht

A II: Unveröffentlicht

A III: Hans Küng, Mozart – Spuren der Transzendenz, München 1991, S. 26–43. © Piper-Verlag

B I: Hans Küng, Wahrhaftigkeit. Zur Zukunft der Kirche, Freiburg/Basel/Wien 1968, S. 45–61

B II: Unveröffentlicht

B III: Hans Küng, Religion im Aufbruch der Moderne, in: W. Jens/H.Küng (Hg.), Dichtung und Religion, München 1965, S. 16–29. © Piper-Verlag

C I: Hans Küng, Das Christentum. Wesen und Geschichte, München 1994, S. 79–85. © Piper-Verlag

C II: Hans Küng, Das Judentum, München 1991, S. 474–481. © Piper-Verlag

C III: Hans Küng, Freiheit des Christen, Zürich/Einsiedeln/Köln 1971, S. 24–58

D I: Hans Küng, Christ sein, München 1974, S. 562–573. © Piper-Verlag

D II: Hans Küng, Christ sein, München 1974, S. 575–582. © Piper-Verlag

D III: Hans Küng, Existiert Gott?, München 1978, S. 757–760. © Piper-Verlag

Schluss: Hans Küng, Das Judentum, München 1991, S. 33f; 700f. © Piper-Verlag

Spiritualität im Leben

Hans Küng
Wozu Weltethos?
Religion und Ethik in Zeiten der Globalisierung
Im Gespräch mit Jürgen Hoeren
Band 5227
Hans Küng entwirft konkrete Ideen für die Zukunft der Religionen und der Menschheit.

Francis Kardinal Arinze
Religionen gegen die Gewalt
Eine Allianz für den Frieden
Band 5267
„Das Buch ist ein eindringliches Plädoyer für den Frieden, nicht nur als Vision, sondern als Gebot." (Konrad Raiser, Generalsekretär des Weltkirchenrats)

Eugen Drewermann
Wie zu leben wäre
Ansichten und Einsichten
Im Gespräch mit Richard Schneider
Band 5257
Was lohnt sich wirklich? Drewermann nimmt hier die Sehnsucht der Menschen nach Leben und Freiheit auf.

Willis Jäger
Aufbruch in ein neues Land
Erfahrungen eines spirituellen Lebens
Band 5381
„Aufbruch" ist nicht allein Bild für den inneren Weg, sondern für den Mut, immer wieder neue Existenz einzugehen. Der Autor im Dialog mit Ch. Quarch und mit eigenen Texten.

Johannes Paul II
Gewissen der Welt
Band 5334
Die weltweit gehörte Stimme eines großen spirituellen Führers zum Weg des Menschen ins 21. Jahrhundert.

HERDER spektrum

Hans Küng

Erkämpfte Freiheit

Erinnerungen. 621 Seiten. Gebunden

In Rom kannte sie jeder: Die »cardinaletti«, die Studenten des Collegium Germanicum in ihren roten Roben. Unter den Augen des Papstes wurden sie zur künftigen Elite ausgebildet: Sieben Jahre lang Studium, in Latein selbstverständlich, ein streng reglementierter Tagesablauf, genaueste Vorschriften über Benehmen, Auftreten, ja Denken. Der junge Hans Küng erfährt am eigenen Leib das Zwanghafte des römischen Systems: Der Kampf um Freiheit wird sein Lebensthema. Sehr persönlich erzählt er hier über seine Schweizer Jugend und den Entschluß, Priester zu werden, über manche Zweifel und Kämpfe in Rom und Paris und seine Erfahrungen als junger Professor. Zum prägenden Erlebnis wurde das Konzil, bei dem er Einblicke über die Kämpfe hinter den Kulissen gewann. Begegnungen mit Präsidenten wie John F. Kennedy, mit Päpsten wie Johannes XXIII. und Paul VI. und mit Menschen aus allen Erdteilen schildert er zugleich mitreißend und analytisch. Eine ebenso gedankenreiche wie glänzend erzählte Autobiographie über Küngs erste vier Jahrzehnte und seinen Kampf um ein ursprüngliches Christentum.

01/1252/01/L